KB156365

달구벌이 낳은 예술가이자 독립운동가

이상정과 이여성

이상규 李相揆, Lee Sang-gyu

경북 영천 태생으로 울산대학교와 경북대학교 교수 역임, 제7대 국립국어원장, 교육부 인문학
육성위원, 통일부 겨레말큰사전 편찬위원 이사와 국회 입법교시 출제위원 역임.

『경북방인사전』(2002 학술원 우수도서), 『언어지도의 미래』(2006 문체부 우수도서), 『훈민정
음통사』(2014 한국연구제단 우수도서), 『한글고문서 연구』(2012 학술원 우수도서), 『사라진
여진문자』(2014 문체부 우수도서), 『한글공동체』(2015 세종도서 학술부분 우수도서), 『조선어
학회 33인』(2014), 『국민혁명군 이상정의 북만주기행』(2020) 등 저서와 논문 다수.

민속원 학술문고 050

달구벌이 낳은
예술가이자 독립운동가
이상정과 이여성

이상규

민속원

이상정

이여성

이상정의 가족

어머니와 4형제 그리고 상정의 맏아들 중희

이상정의 어머니 김화수와 네 형제들

상정이 일본 유학 가기 직전

**1937년 이상정과
동생 이상화가
중국 난징에서**

이여성의 가족
뒷줄 박인애(박경애, 이여성의 처), 이여성, 이경옥(아버지), 이호생(여성 장녀), 윤정열(어머니),
이쾌대(동생), 이한구(여성 장남), 이미생(여성 차녀), 유갑봉(쾌대 처)

1946년 무렵 건국위원회 이상백, 여운형, 이여성이 휘문고등학교 교정에

1942년 10월 25일 임시의정원 34회 회의 뒷줄 가운데 이상정

중앙체육연구소남선체육선전순회단급부산유지기념촬영 1932.2.7., 뒷줄 가운데 이여성

머리말

역사는 늘 서사자의 눈길이나 신념에 따라 다른 모습을 띠기도 한다. 그래서 역사는 만들어진다고 할 수 있다. 문제는 서사자가 긴장감을 갖지 않고 쓴 역사는 제 모습을 그려낼 수 없게 된다. 이전에 있었던 일들을 멀리 떨어진 시공간 속에서 제 모습대로 파악하기 위해서는 언제 누구를 향해 이야기하는지 곧 청중과 학습자가 누군지 그리고 어떤 이념으로 기술하는지에 따라 대단히 다른 모습을 보여주게 된다.

글쓰기에는 화자의 욕망이 내재되기 때문에 그리고 시대적 상황과 이념의 그늘은 역사의 본질에서 어긋나가기 일상이다. 따라서 잘못 쓰여진 역사는 차라리 없는 것보다 더 못할 수 있다. 왜냐하면 가는 길을 더욱 혼란스럽게 꼬아버릴 수 있기 때문에 그래서 역사는 기억과 해석 사이에 매우 격렬한 투쟁의 흔적이 또렷이 남을 수가 있다.

나라를 일제에 잃어버린 시기에 대구라는 같은 공간에 태어난 이상정(1897~1947)과 이명건(1901~?, 이여성)은 일제에 저항한 독립운동가로, 이 지역에 최초로 서양미술을 도입하여 전시회에 참여한 화가로서 그리고 화려한 문필가로 또 인문학자로서의 근대라는 여명기를 숨 가쁘게 살아온 분이다. 비슷한 듯하면서도 서로 다른 운명의 길을 걸었던 분이기도 하다.

이상정은 중국 망명 후 국민혁명군에 가담하며 항일 전선에서 여러 차례 투옥이 되었던 인물이고 이여성 또한 국내외를 뛰어다니며 항일 투쟁과 민족통일을 위해 여러 차례 투옥을 당했다가 북으로 넘어갔던 인물이다. 이 두 사람은 항일 투쟁을 위해 노력한 독립운동가라는 면에서 그리고 계몽기를 건너며 시서화가 분화되기 시작한 시점에서 대구지역 현대미술의 빗장을 연 선두주자였다는 면에서는 서로 닮은 삶을 산 것이라면 독립운동가로서 이상정은 주로 해외에서 항일 투쟁을 하였다면 이여성은 국내외를 넘나들며 항일 투쟁을 벌이다가 한 사람은 남에서, 한 사람은 북에서 이슬처럼 사라진 별이다.

이 작은 책자는 그동안 흩어져 있던 두 분의 행적들을 주섬주섬 주워 모아 기워낸 어설픈 역사의 보자기이다. 암흑의 시대에 가명을 가지고 한 분은 중국을 무대로 한 분은 일본과 중국 그리고 국내를 배경으로 활동했던 분이긴 하지만 그들의 흔적을 찾기란 쉽지 않다. 앞으로 더 알찬 사료들을 모으는 지침으로 삼기 위해 이 작은 책자를 간행하기에 이르렀다. 대구가 낳은 독립운동가이면서 또 예술가였던 이상정과 이여성의 지난 삶을 재조명하는 문고본 출판의 기회를 만들어준 민속원 출판사 사장님과 내용 편집에 알뜰한 도움을 준 편집디자인부의 모든 분들께 감사의 인사를 드린다.

2021년 5월 31일

차례 ▮▮▮▮

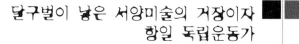

1장

달구벌이 낳은 서양미술의 거장이자 항일 독립운동가

서로 닮았으면서도 다른 길을 걸은 이상정과 이여성

1895년 을미사변과 함께 대한제국은 침몰의 길을 헤매다가 아무런 방책도 한번 구사하지 못하고 일제에 병탄되었다. 일본인 상인들이 대거로 밀려들면서 1905년 대구읍성을 허물어 내리고 경부선 철도가 밀양에서 경산과 대구로 이어지면서 읍성 안의 풍물과 풍경도 달라지고 풍습 또한 급변하였다.

대구에서 비슷한 시기에 태어난 이상정(1897~1947)과 이명건(1901~?, 이여성)은 험난한 일제의 식민 압제를 벗어나기 위해 항일 투쟁을 한 독립운동가이다. 이상정은 중국 망명 후 국민혁명군으로 가담하여 여러 차례 투옥이 되면서 임시정부의 의원으로도 활동한 분이고 이여성 또한 국내외를 뛰어다니며 항일 투쟁과 민족통일을 위해 여러 차례 투옥을 당했다가 사회주의를 추종하여 북으로 넘어간 인물이다. 이 두 사람은 항일 투쟁을 위해 노력한 독립운동가라는 면에서 그리고 계몽기를 건너며 시서화가 분화되기 시작한 시점에서 현대 서양미술의 빗장을 연 선두주자였다는 면에서는 서로 닮은 삶을 살았던 분들이다. 또한 독립운동가로서 이상정이 주로 해외 망명하여 항일 투쟁을 하였다면 이여성은 국내외를 넘나들며 항일 투쟁을 벌였고 한 사람은 남에서, 한 사람은 북에서 사라진 별들이라고 할 수 있다.

이 두 사람은 대구라는 공간 그리고 일제 강점기라는 동일한 시간 속에서 서로 뒤꼬이는 인연으로 살다간 항일 민족운동의 거목이자 대구 화단의 여명을 불러온 분들이다. 1919년 무렵부터 1923년까지 이상정과 이여성과의 만남은 대구미술전람회에 작품을 함께 출품하며 대구의 서양화의 서막을 올렸을 뿐만 아니라 1919년 3·1독립운동과 청년운동단체를 결사하면서 의기투합했던 사이였다. 이상정이 중국에서 만난 권기옥은 이여성의 사촌 동생 이영무와 윈난항공학교 동기생이었다. 권기옥은 이영무와 함께 윈난항공학교를 졸업한 여류조종사였다. 이 두 사람 사이를 이어주는 모자이크와 같은 인연으로 1930년대는 이상정 동생인 이상화와 함께 항일 투쟁한 이여성, 그리고 1945년 무렵에는 상정의 셋째 동생 이상백과 함께 여운형이 이끄는 건국준비위원회에 활동한 것을 들 수 있다. 결코 예사롭지 않은 인연의 사슬로 이어져 있다. 그러나 지금까지 사상의 문제 때문에 그들의 내밀한 관계가 우리들에게 잘 알려지지 않았다.

이 두 사람은 단순한 문화예술가로서가 아닌 일제에 저항하면서 숨 가쁜 민족역사의 수레바퀴에 얽혀서 험난한 파고를 헤쳐왔던 것이다. 우리나라 현대미술의 출발을 알리는 기점을 고희동

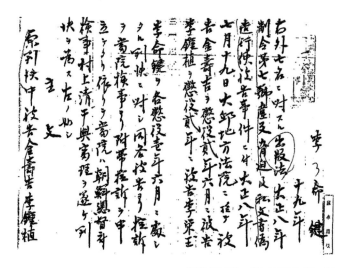

「제령 7호 위반」 사건 이명건의 재판 기록

(1886~1965)이 동경미술학교를 졸업하고 귀국한 1915년으로 잡는다고 하는데 대구의 서양화 화단의 출발도 그 시기와 거의 동시에 둥지를 틀기 시작하였다. 심전 안중식(1861~1919)의 두 제자인 고희동(1886~1965)과 이도영(1884~1933)과 마찬가지로 석재 서병오(1852~1935)의 문하에 이상정(1897~1947)과 이여성(1901~?)이 그의 화맥을 이은 것이 아닐까?

이상정의 『중국유기』 「장군의 약력」에는 1909년부터 일본에 유학한 것으로 되어 있다. 최기영, 「이상정(1897~1947)의 재중독립운동」(『역사학보』 제20집, 349~350쪽 참조.)이나 최근 발굴된 이상정의 일본 유학 시절 그의 백부에게 쓴 편지를 참고하면 1912년에 세에 죠成城중학교를 졸업하고 그해 전문부(미술, 회계, 군사 등) 과정에 입학한 것이 분명하며 1919년 동경 가쿠슈인國學院대학을 졸업하였다고 한다. 1912년 세이죠 중학교를 졸업하고 5~6년간 일본에 체류하면서 전문부 과정으로 역사학, 미술, 상업, 군사학 등 현대적 신학문을 수학했던 것으로 보인다. 이러한 점으로 미루어 보면 굳이 대구의 서양미술사의 기점을 이상정이 계성학교에서 도화 선생을 시작한 1917년으로 잡아 서울보다 2년 늦게 잡기보다 더 이전으로 거슬러 올라갈 수 있다. 이여성도 1918년 경성중앙학교를 졸업하고 김약산, 김약수와 함께 의열단을 맹약한 후 중국 북경 금릉대학에 등록했다가 그 이듬해인 1919년 대구「혜성단」사건으로 체포되었고 출소 후 일본 릿교대학 정치경제과를 수료하였다.

대구 서양미술의 선구자로 꼽을 수 있는 인물은 단연 청남 이상정과 청정 이여성이다. 대구의 서양미술이 시작된 시점을 서울과 1~2년 차이를 두어야 할 뚜렷한 근거가 없다. 이상정은 1917년부터 1919년까지 대구계성학교에서 도화圖畵 곧 미술교사로서

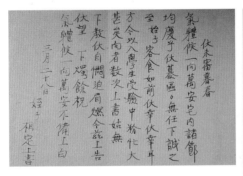

이상정이 1921년 평양 광성고보 도화 선생으로 근무하면서 큰집 백부에게 보낸 편지

근무하였으며 1921년에는 서울 경신학교와 평양 광성고보와 평북 정주 곽산 오산학교에서 교사로 근무하였다. 최근 이상정이 사립 평양 광성고보에서 근무할 무렵 그의 백부인 이일우에게 보낸 엽서가 발굴되어 광성고보 교원생활을 했던 시기를 분명히 밝힐 수가 있게 되었다.

석재 서병오가 1917년 한시문학 단체를 결성하였고, 1922년에 「교남시서화연구회」의 결성을 계기로 대구에서 서양화전람회가 처음으로 열렸다. 1923년 11월 12~17일 사이 교남시서화연구회 주관으로 "제2회 대구미술전람회"에 이상정 18점, 이여성 18점, 박명조 5점 등의 서양화 작품을 전시하였다. 이 전람회는 대구 서양화 전시의 출발을 알리는 계기가 되었다. 그리고 이상정은 1923년에는 「벽동사」라는 미술연구소를 설립하기도 하였다. 이상정은 평양 광성고등학교 도화 선생으로 근무할 당시 광성고보 2학년을 중퇴한 판화가 최지원(?~1939년)과 평양에서 활동하던 박수근, 장리석 등과 밀접하게 연계하여 활동을 하였다.

이상정은 동생인 이상화, 이상백, 이상오와 더불어 민족독립운동을 비롯한 서구적 근대교육을 선도한 용봉학린으로 꼽히는 인물이다. 이들 네 형제를 키운 소남 이일우는 일찍 1904년 「우현서루」를 열어 중국으로부터 많은 서책들을 구입하여 지식정보를 교류하며 많은 우국지사들을 배출하였다. 「교남시서화연구회」를 이끈 석재 서병오는 이일우와 사돈관계로 중국을 함께 여행 하는 등 교류가 깊었다. 따라서 이상정은 어릴 때부터 자연스럽게 석재의 동양화의 영향을 받은 다음 일본 유학에서 서양미술 교육을 통해 서양화의 싹을 대구에서 그 첫발을 내린 것이다. 그런 면에서

大盛況의 大邱美展

「대성황의 대구미전」, 『동아일보』, 1923.11.17.

1923년 11월 12~17일 사이에 개최한 「대구미술전람회」는 한국미술사의 하나의 역사적 사건이라고 할 수 있다. 당시 『동아일보』 「대성황의 대구미전」이라는 기사를 참고하면 당시 전시 규모가 엄청 성대했음을 짐작할 수 있다.

> 서양화부에는 이여성군의 「우유」 외 16점, 이상정 군의 「지나서원」 외 13점, 황윤수 군의 「봄비 온 뒤」 외 5점, 박명조 군의 「초추」 외 5점 합 43점인 바 눈 뜨는 가작이 이외에 많아 대구에 이만한 미술가가 있었는가를 의심할 만큼 되었고, 동양화부의 출품은 40점인 바 석재 서병오의 '난초', 서경재(서상하)의 '매화', 서태당(서병주)의 '대', 박회산(박기돈)의 '글씨', 허기석(허섭)의 '산수'가 그 중 평이 있으며, 고서화부 출품은 30여점인 바 가장 인기를 끄는 것은 추사, 미수(김정희, 허목)의 친필과 최소동육세서와 휴휴당, 임사당의 화이며 조월파의 금강산 시생 등이었더라.
>
> 「대성황의 대구미전」, 『동아일보』, 1923.11.17.

이 전시를 기획하고 뒤에서 도운 이들로 전통화 부문에서는 석재 서병오였고 서양화 부문에서는 이상정과 이여성이었을 것이다. 그런데 이여성이 언제 누구로부터 서양화를 사사 받았는지는 전혀 알려지지 않았다. 다만 그가 남겨놓은 작품들을 보면 동서양화를 두루 섭렵한 천재적인 인물로 평가하지 않을 수 없다.

이상정은 1923년 대구미술전람회 출품과 함께 「벽동사」라는 서양화연구소를 개소함으로서 대구의 서양화가 제1호라고 꼽을 수 있다. 이 시기 이미 이상정은 중국 만주지역을 넘나들고 있었음을 확인할 수 있는데 1923년 제2회 「대구미술전람회」에 출품한 작품 가운데 중국을 배경을 한 작품이 여러 점이 있음을 확인할 수 있다. 이상정의 중국 망명시기에 대해서 여러 가지 논의가 있는데 이미 1919년 이후 이여성과 함께 중국을 내왕하면서 서로 긴밀하게 교류하고 있었음을 알 수가 있다.

대구에서는 「ㅇ과회」라는 미술단체가 1927년 여름, 교남기독교청년회관에서 결성되었으며, 이 「ㅇ과회」는 이상정의 동생이자 일제 저항민족 시인인 이상화가 1927년 서울에서 낙향하여 본격적으로 대구문화예술운동을 전개하면서 「카프」계열의 이상춘, 이갑기 등과 함께 활동을 하게 된다. 연이어 1930년 「향토회」로 이어진다.

두 사람의 생애

이상정은 호는 청람晴嵐, 산은汕隱 등이고 1897년 6월 10일 경상북도 대구군 서상면(현 대구광역시 중구 서문로1가 12번지)에서 경주 이씨 이시우 어머니 김신자 사이에 맏아들로 태어났다. 이상정의 부친 이시우는 1908년에 사망했고, 그와 세 동생들은 백부 이일우의 슬하에서 성장했다.

이여성의 본관은 경주이고 호는 청정青汀, 본명은 이명건李命鍵이다. 1901년 12월 29일 창원 군수를 지낸 아버지 이경옥과 어머니 윤정열의 2남 4녀 중 장남으로 태어났다. 부친 이경옥은 경상북도 칠곡(경북 칠곡군 웃갓마을)의 대지주였다. 이여성의 아버지 이경옥의 본적은 경북 칠곡군 지천면 신리 39번지인데, 제적등본 상 1917년 2월 20일 달성군 수성면 지산동 498번지로 이곳이 거주지였던 것으로 나타난다. 이사한 즉시 실거주지 신고를 하지 않을 수도 있지만, 적어도 이여성이 출생한 1901년에는 이경옥이 살았던 수성면 지산동 498번지인 것으로 추측해볼 수 있다. 이여성의 출생지가 달성군 수성면(지금의 대구시 수성구), 칠곡군 신리, 대구 계산동 일대라고 보는 이설도 있다. 이여성은 9세 때 서울로 올라

1945년 8월 16일 휘문중 교정에서 군중 강연회장 이상백 여운형 이여성 『동아일보』

가 1915년 보성고등보통학교를 자퇴한 후 1918년 중앙고등보통학교를 졸업하고 대구로 내려가 사회운동단체인 「혜성단」의 간부로 활동하였다. 1918년 중국 난징에 있는 진링대학金陵大學을 다니다가 3·1운동 직후 귀국하여 독립군에 자금을 대려고 아버지 몰래 땅문서를 위조했다는 명목으로 「제령 7호 위반」으로 체포되어 대구교도소에서 3년간 복역하였다. 출감 후 일본으로 건너가 릿쿄대학立敎大學 경제학과에 입학했으며 1923년 1월 도쿄에서 김약수, 김여수, 박열 등과 함께 「북성회」를 조직하고 국내에 사회주의 사상을 알리는 데 힘썼다.

이상정의 아우로 이상화, 이상백, 이상오가 있다면 이여성의 동생으로는 역시 유명한 화가 이쾌대가 있다. 이 두 사람은 같은 경주 이씨로 일가친척이기도 하였다. 이 두 사람은 모두 부유한 가문에서 태어나 일찍부터 조국의 광복을 위해 일제에 저항한 독립투사의 길을 걸었고 사상 면에서도 비슷하였지만 살아온 운명은 서로 달랐다.

이여성은 1919년 3·1독립운동에 가담한 이후 일경에 체포되어 조선총독부 「제령 제7호」 위반과 위조문서를 제작한 「출판법 위반」으로 1919년 7월 19일 1심(대구지방법원)에서 징역 1년 6개월을 선고와 10월 9일 대구복심복원에서 징역 3년형을 선고받았다. 아마 그 후일의 행적을 보면 형기만료 전에 출소한 것 같다. 이 사건에 연루되었던 이상정은 대구를 탈출하여 도피한 후였다. 이상정 대신 그의 백부인 소남 이일우도 「제령 제7호」 위반으로 경찰에 조사를 받게 된다. 당시 일제 검경이 소남 이일우에게 맏조카인 이상정의 행방을 추달했던 기록이 남아있다.

학우회 강연 검거 『동아일보』, 1923.7.12.

1923년 무렵 일본에서 이여성은 대구 사일동에서 태어나 대구고보를 다니다 경성공업학교를 나온 이호(애산 이인 변호사의 동생)와 백무 白武(1901~?) 등과 연계 「북성회」를 조직하여 활동하던 무렵 일본에 공부하러 와 있던 이상화와도 만났다. 1923년 7월 12일 동경 유학생 중심으로 결성된 「학우회」 강연을 한 이유로 대구에서 검거되었는데(연사 한정겸 이정근, 이여성) 이 시기에 이여성은 일본에서 돌아와서 전국순회 강연회를 비롯 사회주의운동에 적극 가담한다.

이상정은 1925년 4월 서울에서 민중자대회를 개최하려다가 강제로 해산당하고 「용진단」 적기사건으로 일제 경찰의 수사망이 좁혀지자 중국 망명을 결심하고 그해 5월에 망명했던 것이다. 1927년 3월 국민혁명군이 상하이에 진입한 뒤, 내몽골 바오터우에서 결혼한 권기옥은 상해 동로항공사령부의 비행원이 되었다. 이상정은 아내를 따라 상하이로 이주하고 그의 해박한 역사 지식을 바탕으로 쓴 『표박기』라는 글 쓰기 기행문을 남겼다. 1928년 3월, 이상정과 권기옥, 그리고 손두환 등이 공산당 혐의(의열단 연루사건)로 40여일간 피체되었다.

이여성은 1923년 1월 15일 『경상북도경찰부 경찰요사』(159쪽)

에 따르면 일본 유학생인 김약수, 김종범, 변희용 등이 박열이 이끄는 「흑도회」에서 분리하여 공산주의 노동운동을 실천하기 위해 「북성회」를 조직하였다고 한다. 그 후 7월 2일자 『동아일보』를 참조하면 귀국한 후 「학우회」를 중심으로 전국순회강연회를 개최하였는데 제2대가 대구에서 강연회를 개최한 것을 기화로 하여 일경은 1924년 5월 12명을 체포 기소하였다. 전라도 박선규, 경상도 변희벽, 육홍균, 백만조(백무), 박준식(박열), 이명건(여성), 이영옥, 서동성, 이옥, 김대수, 강대곤, 최갑춘이 기소되었다.

1922년 무렵 일본에서 각종 사회운동단체를 연대하여 활동하였다. 『동아일보』(1923.07.12.) 기사에 의하면 일본 동경 유학생이 중심이 되어 조선에서 결성한 「학우회」 강연단 제2대가 대구에서 한정겸, 이정근, 이여성 세 사람이 강연 도중 모두 검거되었다가 다시 풀려나와 7월 13일 경주, 7월 16일 동래 등지에 강연에 나섰다. 1923년 8월 2일에는 「학우회」 강연단 제2대 한재겸, 이정근, 이여성이 불기소 처분을 받고 전주, 목포, 광주, 함흥, 원산 등지를 순회하면서 순회강연을 이어 갔다.

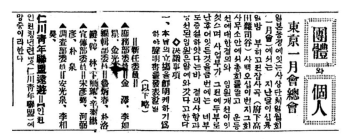

동경 「일월회」 총회 김택, 이여성, 김광?, 노병춘, 박락건, 송언필, 안광천, 박천, 이상호
『시대일보』, 1925.11.01.

1923년 11월 12일부터 17일 사이에 대구미술전람회에 「유우」외 서양화 18점을 전시하였으며 그해 7월에 순회강연 조직을 구성하여 전국 순회 강연을 빌미로 일제에 또 기소되었으나 무죄로 풀려났다.

『동아일보』 1925년 1월 24일에 따르면 재동경사상단체인 「일월회」의 주최 기념강연에서 "민족문제에 대하야"(이여성)를 강연한 데 이어서 다시 동경으로 건너가 1925년 5월 18일 「일월회」 강연에서 "종교의 비판"(이여성), "사회와 개인"(송언필), "현대의 불안"(김정규), "신도학생제군에게"(안광천)의 강연을 행하였다. 1926년 6월 1일자로 조선 사회운동자 이여성, 안광천, 김정규 씨 등이 중심이 되어 『대중신보』를 창간하였다. 「북풍회」를 비롯한 단체 활동을 펼치면서 잡지 『사상운동』과 기관지 『대중신보』와 『척후대』를 간행하기도 하였다. 이여성은 『대중신보』의 편집위원으로 활동하다가 메조소프라노 가수 박경희와 결혼하여 1929년 무렵 함께 중국에 건너가 온갖 고생을 하면서 김원봉와 난징에 살던 이상정과 의열단 활동을 하였다(『삼천리』 제2호, 「상해보산로」, 1929.9.1.).

1929년 난징에 거주하던 이상정은 지인의 간청으로 항저우 주둔 국민정부군 사단 훈련처 책임자로 배속되었다가 며칠 만에 휴가를 내는 형식으로 사임하고 난징으로 돌아왔

북성회 해산 『동아일보』, 1925.1.6.

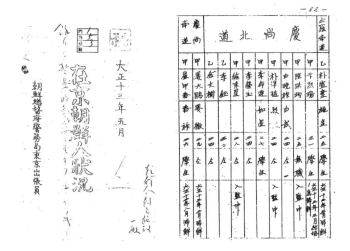

1924년 「북성회」 관련 인사 일망 타진(동경유학생 순회강연을 이유로)

1920년 「제령 7호
위반」 사건 판결문

다. 이후 1938년까지 중국군에 직접 관여하지 않았던 것 같다. 다
만 일제 정보기록에 따르면, 그는 중국 망명 후 광둥정부의 통역
관을 맡았으며, 1932년에는 난창항공협진회 위원을 맡는 등 중국

군 항공 관련 업무에 관여했다고 한다. 1933년 7월 권기옥이 항저우항공국으로 발령이 나자, 이상정 부부는 난징에서 항저우로 이사갔다. 1933년 12월 항주에 소재하던 대한민국 임시정부에서 이상정을 임시의정원의 경상도의원으로 보선하였으나, 의정원 회의에 참석하지 않았다. 그는 이 시기에 관직을 맡는 것보다 유람을 떠나는 걸 즐겼고 명승지를 방문한 소감에 관한 시를 여러 편 짓기도 했다. 1936년 하반기에 이상정 부부는 일제의 첩자 혐의로 8개월 감옥에 수감되었다. 이 무렵 이상화가 3개월 정도 중국에 다녀왔다. 1937년 7월 7일 중일전쟁이 발발했다. 당시 이상정은 권기옥과 함께 조선민족혁명당에 참여했고 11월에 좌파 세력이 조선민족전선연맹을 결성할 때 가담했다. 1937년 11월 일본군이 난징을 침략하자, 이상정과 권기옥은 김원봉, 이여성 등과 함께 구강, 한커우 등지로 이동했다. 1938년 충칭에 도착한 두 사람은 국민정부의 교섭을 받고 군사 관련 직책을 맡았다. 이상정은 육군참모학교의 소장교관으로 취임하였고, 아울러 화중군사령부의 막료직도 겸했다. 그리고 1941년에 육군참모학교에서 귀저우성 식봉현 소재의 유격대훈련학교의 소장교수로 전임되었다.

이상정은 대한민국 임시정부가 충칭으로 이동한 이후 「조선민족혁명당」 등 좌파 세력이 이끄는 임시정부에 참여하였다. 1942년 8월 시정부 외무부 외교연구위원으로 선임되었으며, 이어 10월 경상도 지역 의정원의원에 선출되었다. 1942년 10월 말에 개최된 제34회 의정원 회의에서 제2과위원회 위원으로 선임되었다. 이상정은 1943년에도 임시의정원 제2분과위원, 의정원법 개정위원, 제1분과위원장 등으로 선임되었고, 1944년 6월에는 외무부 외교연구위원으로 재선임되었다. 1944년, 이상정은 의정원의 제4분과위원에 김원봉, 지청천, 유동열, 조성환과 함께 선임되었다.

1945년 2월, 이상정은 신한민주당 창당에 참여했다. 이 정당은 한국독립당 위주로 돌아가는 임시정부를 개조할 것을 요구하고 임시정부 내부의 대립과 갈등을 비판하는 세력이 주도한 것이었다. 한국독립당 지도부에 불만을 지닌 세력과 민족혁명당의 비의열단 계열이 연합한 형태로 조직된 신한민주당은 홍진, 유동열, 김붕준이 주석단을 맡고, 이상정과 손두환 등이 중앙집행위원에 선임되었다. 신한민주당은 반한국독립당의 기치 아래 임시정부와 임시의정원의 개혁, 그리고 독립운동자대표대회의 소집을 주장했다. 이상정은 8·15 광복 후 즉각 국내에 들어오지 않고 1946년 1월 상하이로 가서 한인 동포들의 권익 보호에 진력했다. 그러다가 1947년 7월 모친상을 당하자 뒤늦게 연락을 받고 9월에 귀국했지만 그해 10월 27일에 고향에서 뇌일혈로 사망했다.

이여성은 1930년대 전반기 『조선일보』와 『동아일보』에서의 활발한 언론활동을 통해 약소민족운동연구를 진행하였다. 1930년대에 『동아일보』에 삽화 작품과 함께 많은 글을 올렸다. 또한 이 무렵 정치적 동지이자 매부인 김세용과 함께 『숫자조선연구』(전5권)를 집필하였다.

1944년 8월 여운형을 필두로 이상정의 동생인 이상백, 조동우, 이만규 등과 함께 항일비밀결사인 건국동맹 결성에 참여하였다. 이여성은 해방 직후부터 각종 중앙조직과 정당의 중심인물로 주목받았다. 1945년 8월에는 조선건국준비위원회 선전부장이 되었으며, 11월에는 여운형이 조직한 조선인민당 결성에 참가하였다.

1946년 2월 민주주의민족전선 결성에 참여하여 중앙위원 및 부의장단의 일원으로 선출되었다. 8월에는 인민당(여운형), 조선공산당(박헌영), 남조선신민당(백남운)의 3당 합당을 위한 합당교섭위원으로 선정되었다. 11월에는 여운형의 사회노동당 결성에 참여하여 중앙상임위원 겸 사무국장이 되었다. 1947년에는 사회노동당 후신인 근로인민당 서울시당 준비위원회 선전부장 및 중앙상임위원을 지냈다. 1948년 초 월북하여 8월 황해도 해주에서 열린 남조선인민대표자대회 제1기 조선최고인민회의 대의원에 선출되었고, 그 해 김일성종합대학 교수가 되었다. 1957년에도 제2기 최고인민회의 대의원으로 선출되었으며 그 해 8월 조선역사가 민족위원회 중앙위원, 김일성대학 역사학강좌장이 되었다.

1944년 8월에는 여운형이 이끄는 「항일비밀결사건국동맹」에 참여하였다. 이 무렵 이여성은 이상정의 동생인 이상백과 그리고 우리나라 교육사에 우뚝한 선구자인 이만규와 함께 어울리며 건국동맹에 가담하였다. 8·15 해방 직후 건국준비위원회가 발족되자 문화부장 및 선전부장에 임명되었고, 뒤이어 조선인민공화국 중앙인민위원으로 뽑혔다. 1948년 남북협상 이후 혼자 북한에 남았다. 이후 『조선미술사개요』(1955)·『조선건축미술의 연구』(1956) 등을 펴냈다.

이여성은 여운형 장례 사무를 처리하다가 좌익으로 지목되어 1947년 8월 12일 구속됐다가 풀려나 그 이듬해인 1948년 황해도에서 열린 남조선인민대표자대회에 참석했다가 남으로 되돌아오지 않았다. 잠시 김일성종합대학에서 교수직을 맡다가 1958년 무렵 남노당 일파의 숙청에 휩쓸려 그 이후의 행적을 남기지 않고 사라졌다.

일제 수난의 시대 몸부림치던 두 예술가의 삶의 풍광은 힘겨운 나비의 날갯짓으로 때로는 태풍같은 바람의 소용돌이가 뒤섞인 것 같았다. 이 두 사람의 삶은 어쩌면 거울이미지처럼 서로 조응되는 역사의 모순 속에 파편화된 삶을 살다간 독립운동가의 모습 외에 매우 또렷하게 닮아 있는 부분이 남아 있다. 서양미술가로, 일제저항주의자로서, 전통의 자락을 붙잡고 매진한 학자로서, 사회주의에 심취한 사상가로서 꼿꼿한 선비의 자태와 잔잔히 울려오는 위대한 시대정신으로 우리들에게 다가오고 있다.

대구 서양화 화단의 문을 연 두 거장

우리나라에서 근대 서양화 유입기에 가장 활발한 활동을 보인 세 곳이 경성, 평양, 대구 지역이라고 할 수 있다. 시서화가 분리되지 않은 상태에서 석재 서병오로부터의 영향권 내에 있었던 두 사람은 도화로서의 그림, 서양의 화구로 그림을 그린 서양화의 개척자라고 할 수 있다. 우리나라 미술사에서조차 잘 언급되지 않고 있는 1920년 대구를 중심으로 한 미술동아리 「대구청년회」, 1921년 서양화 개인전람회, 1923년 11월 12일에서 17일 사이에 개최된 「대구미술전람회」와 1923년 12월 24일 이상정의 미술연구소 「벽동사碧瞳社」 창립 등 굵직한 일들이 이어졌다. 이러한 저력의 전통을 가진 미술도시가 바로 대구였다. 이러한 근대 서양화의 도시로 발돋움을 할 수 있게 길을 닦아준 두 인물이 바로 청남晴南

과 청정青汀이다.

이상정은 중국 국민혁명군으로 종군하면서 틈틈이 쓴『표박기』에서 중국의 문학과 역사와 고사에 통달하였음을 알 수 있고『청금산방인화』라는 인보와 전각 작품집을 남겼다. 이여성 또한『숫자조선연구』,『조선복색원류고』,『조선미술사개요』와 같은 민족전통문화에 대한 깊은 연구서를 남겼다. 30년대『동아일보』기자 시절 다량의 신문 삽화를 그렸을 뿐만 아니라 청전 이상범과 2인전도 개최하였다. 1934년 10월에는 제13회 서화협화전에「어가소경」등을 출품하는 등 활발한 미술활동을 하였다.

이상정은 일찍『개벽』지를 통해 시조 시인으로 등단하여 약 20여 수에 달하는 시조 작품과 다수의 산문을 남겼고 이여성 또한『동아일보』와『조선일보』에 계몽적인 사상평론에 관한 많은 글을 남겼다. 이여성은 일찍이 1923년에「대구미술전람회」에 여러 점의 유화를 출품하지만, 한 동안 사회주의 운동과 강연을 하느라 그림과 거리를 두다가 10여년 후인 1933년부터 1935년까지「서화협회전」에 연속으로 작품을 출품한다.『동아일보』기자 시절에는 삽화 연재와 더불어 계몽과 이상적인 내용의 글을 싣기도 하였다. 그는 1930년대 후반에 역사에 대한 깊은 지식을 바탕으로 역사화를 주로 그렸다. 이여성이 사회주의 노선에서 1948년 4월 근로인민당 대표 중의 한 사람으로 평양에서 열린 남북연석회의에 참가하기 위해 이만규 등과 함께 월북한다. 6・25 이후 '이여성'이란 이름 세 글자는 금기시 되었다가 1988년 월북 작가 해금 조치가 이루어진 후부터 월북한 예술가들에 대한 본격적인 연구가 이루어졌다. 미술계에서도 김용준, 길진섭, 이여성, 이쾌대, 정종여 등

많은 월북 작가들은 1957년 이후 남로당 숙청사업과 함께 혹은 공산당 노선에 엇나간 인물로 소리없이 역사의 무대 뒤편으로 사라진다.

이상정은 서각과 서화에 일가견이 있었는데 이는 큰집 백부 소남 이일우과 사돈 간이었던 석재 서병오의 영향을 많이 받았을 것이다. 그런데 이상정이 서양화의 기량을 닦은 것은 아마도 일본 유학시절에 동경미대에 유학을 와 있던 고희동과 교류하면서 전문부 수학과정에서 일정한 서양 미술교육을 받았던 것으로 보인다. 그후 1917년부터 1919년까지 대구 계성학교에서 도화 곧 미술교사로서 근무하였고 1919년 이후 1923년 무렵까지 경성 경신학교와 평북 정주의 오산학교와 평양 광성고보에서 도화 교사로 활동하면서 서양화의 기량을 닦았다. 그는 근대 대구문화예술계 특히 여명기의 미술계에 큰 영향을 끼쳤다.

대구지역의 시서화의 대부였던 석재 서병오가 중심이 되어 1922년 5월 대구부청(당시 경상북도청) 내 「뇌경관賴慶館」에서 제1회 「교남시서화연구회전」이 개최되어 대구 전통서화의 면목을 과시하였다. 일본에서 유학을 마치고 돌아온 이상정과 이미 이전부터 유대를 맺어왔던 이여성이 대구에 와서 활동을 한 것을 계기로 하여 1923년에는 교남서화연구회에서 제2회 「교남서화연구회전(대구미술전람회)」의 이름으로 대구의 청년 지도자인 이여성, 정운해, 서건호, 서병인 등이 마련한 「대구미술전람회」가 노동공제회관(옛 은사관)에서 개최되었다.

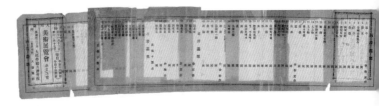

1923년 11월 12~17일 제2회 「교남서화연구회전(대구미술전람회)」 출품 작품

　당시 『동아일보』 「대성황의 대구미전」, 1923년 11월 17일자 기사를 보면 당시로서는 상당히 큰 규모의 전시였음을 출품 작품의 숫자로 확인할 수가 있다. 식민 통치 아래에서 매일 600여 명의 관람객이 전람회를 참관했다고 한다. 아직 시서화가 미분화된 상태에서 각양각생의 유화색조로 묘사된 서양화의 표현 양식을 통해 눈이 번 듯 떠였던 우리미술발달사사의 중대한 기점을 이루어졌다고 할 수 있다.

왼편 제2회 ○과회 기념사진
　　이인성, 이상춘, 배명학, 주정환, 이갑기, 김용준,
　　이상화, 서동진, 이근무, 최화수, 박명조 등
오른편 「향토회」(1930) 창립전
　　뒷줄 왼쪽 김용준, 서동진, 이인성

서양화부에 전시된 작품들 가운데 이상정과 이여성의 작품 명을 소개하면 다음과 같다. 이상정(1. 수, 2. 광부, 3. 지나정, 4. 청도에서, 5. 지나사원, 6. 초상, 7. 고향의 가을, 8. 목욕, 9. 한, 10. 모자, 11. 상상의 영운, 12. 챈 치오래, 13. 만주리에서, 14. 무답, 15. 화, 16. 대지의 비, 17. 이 마음, 18. my dear miss-) 18점이며, 이여성(1. 유우, 2. 호수, 3. 금강산 반상석, 4. 강정, 5. 장미, 6. 추의 원야, 7. 서각의 여, 6. 양상의 범, 9. 재원, 10. 묵, 11. 원시기의 여성, 12. 무료, 13. 노동자의 처, 14. 괴상물, 15. 괴상물, 16. 낙일의 교, 17. 욕후, 18. 낙후) 18점이다. 이 전시 작품 내역의 검토를 통해 몇 가지 매우 중요한 사실을 확인할 수 있다.

첫째, 지금까지 1923년 11월 12일부터 17일까지 5일간 개최되었던 「대구미술전람회」의 주관이 누구였는냐는 문제이다. 통상적으로 대구의 청년 지도인인 이상정, 이여성, 정운해, 서건호, 서병인 등이 마련한 것으로 알려졌지만 이 전시회는 「제2회 교남서화연구회전」으로서 교남서화연구회(회장 석재 서병오)가 주관하고 대구의 청년 지도인인 이상정과 이여성 등이 협력하여 개최된 전시회였다.

둘째, 이 전시회에 출품된 전시 작품의 수가 지금까지 들쭉날쭉이었다. 예를 들면 이중희의 『대구미술이 한국미술이다』(동아문화사, 2018, 51쪽)에서 신문기자를 인용하면서 "서양화부에는 이여성 군의 「유우」 외 16점, 이상정 군의 「지나사원」 외 13점, 황윤수 군의 「봄비 온 뒤」 외 5점 박명조 군의 「초추」 외 5점, 합 43점인 바"라고 하여 실제 목록과 차이를 보이고 있다. 전시 목록과 실재 전시 작품의 수가 달랐는지는 확인되지 않지만 적어도 이 전시회를 위해 이상정과 이여성은 모두 각각 18점이라는 서양화 작품을 출품했던 것으로 확인된다.

셋째, 이 작품 목록을 통해 이상정의 중국 망명 시점을 확인할 수가 있다. 그의 유고집 『중국유기』「장군의 약력」에는 1923년 해외 망명으로 되어 있지만 실제적으로는 평안지방과 서울에서 교사활동을 하였던 사실과 1925년 대구에서 「용진단」 위원장을 맡았다는 『시대일보』의 기록을 고려하면 1925년 5월경에 중국으로 망명했을 것으로 보인다. 이상정은 망명 직전 서울 경신학교와 평안도 오산학교와 평양 광성고보 교원으로 활동하다가 「용진단」의 적기 사건이 터지자 1925년 5월경 중국으로 망명한 것이 분명하다. 1923년 11월 12일부터 17일까지 5일간 개최되었던 「대구미술전람회」에 출품한 이상정의 작품에는 중국을 배경으로 한 그림이 많은 것 같다. 「지나정」, 「칭다오에서」, 「지나사원」, 「챈 치오래」, 「만주리에서」 등의 작품 명을 통해 알 수 있듯이 이상정은 1919년 이후 부지런히 만주 일대를 넘나들고 있었던 것으로 확인되며 결정적으로 1925년 「용진단」 사건이 터지자 그 해 5월 경에 중국 망명의 길에 올랐던 것이다.

넷째, 1923년 11월 12일부터 17일까지 5일간 개최되었던 「대구미술전람회」에 출품한 출품 목록 가운데 이상정의 「초상」이라는 작품이 있다. 바로 이 작품이 소남 이일우기념사업회에서 2017년 1월 20일 당가의 이재주, 이재일, 양덕모 등 기념사업회 관계자와 함께 가옥의 고방채에 남아 있던 근현대 고문서 1,500여 점과 함께 발굴되었다고 언론에 보도되었다. 현재 정확한 작가가 밝혀지지 않았는데 좌측 하단에 작가 사인의 검증과 함께 당시 전시를 위해 고급 액자에 끼워진 그대로 남아 있다. 이 작품은 현재 소남 이일우기념사업회(이재일 이사)에서 보관 관리 중에 있다. 최근 확인한 바로는 이 그림이 이상정의 그림이 아닌 후대 작가가 이상정의 초상을 그린 작품으로 밝혀졌다.

「벽동사」 설립 「ㅇ과회」와 「향도회」

대구 근대화단의 대표적인 서화가 석재 서병오는 1922년 「교남서화연구회」 설립과 함께 대구 근대화단의 후진양성을 위해 많은 지원을 아끼지 않았다. 마침 그 무렵 일본 유학을 마치고 돌아온 이여성과 이상정은 1923년 제3회 「교남시서화전」인 「대구미술전시회」 개최를 통해 얻은 자심감으로 이상정은 1923년에는 「벽동사」라는 미술연구소를 설립하기도 하였다. 1923년 창립된 「벽동사」는 이상정이 주도하여 대구에서 활동 중이던 서양화가들인 이상정, 황윤수, 상계도, 박명조, 이여성, 정유택 6인으로 구성되었는데 미술연구와 창작을 목적으로 월 1회 정기 모임과 전람회 개최를 하며 매월 정기적인 회비 납부와 완성된 작품의 보관을 통해 전문적 연구 활동소의 활동으로 만들어졌다.

1923년 12월 25일자 『매일신보』에 「대구 벽동사 창립」이라는 제하에 실린 기사를 살펴보면 대구부 서성정 1정목 89번지에 이상정이 주도하여 「벽동사」를 설립하였고 (연구교육) 제작 과목은 의장화, 초상화, 도안화, 간판화, 유화, 광고화 등이며 그 현재 사원의 씨명은 이상정, 황윤수, 성계도, 박명조, 이여성, 정유택 여섯 사람으로 구성되었다.

대구 벽동사 창립

조선고래朝鮮古來의 예술이 여하如何히 발달되얏든 것은 수천년전래의 역사에 징徵하며 현시現時경주고분에 의하야 기 정도를 족히 추상追想한 바이다. 그러나 차此가 만근輓近수백년래 점차 퇴보退步황잔荒殘함을 항상恒常 유감遺憾으로 사思하든 당지當地청년青年유지有志 이상정 씨는 차에 감感한 바이 유有하야 대구부 서성西城정 일丁목 팔십구번지에 벽동사를 창설하고 사원을 모집하야 미술에 대한 연구도 하며 실습도 하야 쇠잔한 예술을 부흥코저 사원의 제작자로 ○○ 전람회를 개최하야 일반의 관람에 공한다는데 기 제작과정은 의장意匠화, 초상화肖像畵, 도안圖案화, 간판看板화, 유화油畵, 광고廣告화 등의 각종이 오현재現在사원社員의 씨명은 이상정, 황윤수黃允守, 상계도尙繼道, 박명조朴命祚, 이여성李如星, 정유택鄭裕澤의 6씨인데 그 취지趣旨서 밎과 기규칙은 좌左와 여如하다더라. （대구）

취지서

천의 성지의 화인의 정은 우주의 삼보이라 애에 사람도 미이오 주의

大邱
碧瞳社
創立

「대구 벽동사 창립」 『매일신보』, 1923.12.25.

에 에함도 미이며 춘앵 추안과 화조 월석이 미 안임이 무하나니 일
폭의 화 일 기의 각은 만인이 조망하며 일곡의 수 일진의 풍은 유
이자면 공청일 것이어 모순과 교침하야 악착한 천진은 물질에 미하
고 이지의 명경은 찬영에 담하여 석 인간의 왕양한 미의 추구성을
소실하야가도 희라 우리의 역사를 회고하면 탄금의 묘지가 즐비하얏
스나 종기가 기소에 아아의 곡을 양양으로 오청하는 자뿐임으로 애
석키도 나려 양 조의 찬란한 예수 심산궁곡에서 초목의 비만 공이하
고 황0패체에서 고토의 혈만 구성하얏으며 솔거의 화와 우륵의 금은
퇴창파벽에서 우설의 연하쇄멸하고 창아 슬상에서 북야의 로만 종승
하야 강산이 령성하고 하구가 적막일 뿐이로다. 인은 활동에 생함과
여히 정사에도 생하며 현재에 생함과 여히 이상의 동경으로 미술에
대하야 호상연구도하며 실습도하기 위하야 사원을 모집하야 각종회
도를 연구제작코저 하노라(이하략)

규칙
본사는 미술연구로써 목적함

본사는 시기를 종하야 전람회를 개최함

본사사원은 전문적 기술이 유한 자로함

본사원은 제작품 혹 참고품을 선정하야 본사에 보관함이 가함

본사원은 매월 1차 모집함

본사원은 매월회비 일원식 변출하야 경비에 충용함

세칙은 집회시마다 임시평정함

『매일신보』, 1923. 12. 25

이러한 활동에 힘입어 1924년 「대구소년회」 주최로 「대구아동
자유화전람회」를 개최하였는데 5세부터 17세까지 유아부와 소년
부로 나눠 달성공원 앞에 있는 조양회관에서 개최하였다. 이 전시
회의 심사위원으로 서동진, 이상정, 최윤수, 나지강 등이 참여하였
다. 이러한 활동은 1927년 지역 미술·음악·문학인들과 소년작
가·화가들이 함께 마련한 「ㅇ과회」 창립 분위기를 짐작해 볼 수
있다. 이에 앞서 1927년 대구노동공제회관에서 「ㅇ과회」를 결성
하였고 연이어 1930년 「향토회」가 설립되었다.

「ㅇ과회」는 1927년에 결성한 대구 최초의 한국인 서양화가 단
체이자, 동요부와 시가부가 공존하는 종합예술단체로 개설하였다.
이상화, 이상춘, 이갑기, 주정환, 김영호와 같은 프롤레타리아 경
향의 작가와 서동진, 박명조, 최화수, 이인성 등의 아카데미즘 경
향의 작가들이 함께 하는 예술단체이다. 조선인만으로 결성된 단
체로 근대기 대구 미술 형성에 기틀이 되었다. 「ㅇ과회」 해체 이
후 좌익성향의 미술인들은 「과료회」를, 순수경향의 작가들은 「향
토회」를 조직하였다. 1927년 서동진, 이상화, 김용준, 배명학, 박

명조, 최화수, 이상춘, 이갑기, 주정환, 김성암, 서병이 등이 중심이 된 「ㅇ과회」의 결성은 문학, 미술과 연극 영화가 함께 어울어진 문화예술운동으로 발전해 나가게 된다. 특히 이상춘, 이갑기 등은 이상정의 동생 이상화와 함께 이미 1925년 무렵 「카프」활동을 통한 사회주의 민족문화예술 활동으로 발전되었다. 이어서 1930년 서동진, 최화수, 김용준 등이 중심이 된 「향토회」가 결성되었다. 「향토회」 2회전(1931)에는 이상화도 출품하였다.

1928년 제2회 「ㅇ과회」 사진과 리플렛이 남아 있다. 「ㅇ과회」는 순수예술론적 입장에 있던 서동진, 최화수, 박명조, 김용준, 김성암, 배명학 등 향토작가 중심으로 결성되었다. 그러나 1928년에 개최된 제2회 「ㅇ과회」에 참여한 작가들은 이인성, 이상춘, 배명학, 주정환, 이갑기, 김용준, 이상화, 서동진, 이근무, 최화수, 박명조 등 민족주의 계열의 작가들이 대거로 참여하였음을 알 수가 있다. 이 때 1927년 이후 활동무대를 대구로 옮긴 이상화 역시 미술계 인사들과 긴밀한 접촉을 하고 있었음을 알 수가 있다. 김용준이 주도하여 결성한 「향토회」에서 1931년 10월에 개최한 제2회 「향토회」 미술전에 이상화는 「아씨와 복숭아」라는 작품을 출품하였다.

이 무렵 대구 남산동 174번지가 본적인 김용준은 1904년 경북 선산에서 태어나 경중중앙고보를 졸업하고 1926년 동경미술학교를 입학하여 줄곧 사회주의와 민족주의 미술 활동을 한 인물인데 대구에서 잠시 살았던 1927년 무렵 「ㅇ과회」와 「향토회」에 작품을 출품하였다. 특히 「향토회」는 서동진, 최화수, 박명조 등과 함께 결성하였다. 이 무렵 상화와 김용준은 사회주의 경향의 예술의 생활화라는 측면에서 서로 뜻이 통하는 민족문화예술활동가였다.

김용준은 대구 출신의 현진건과 각별한 관계에 있었는데 그가 남긴 「원수원과 정판교의 빙허와 나와」, 「생각나는 화우들」이라는 글을 남기기도 하였다. 아마도 이상정과 이여성 그리고 김용준, 이상화, 현진건으로 이어진 민족문화예술활동가의 계보가 실거미줄처럼 엉켜 있었던 것이다.

1922년 제1회 「교남시서화전」과 함께 1927년 대구노동공제회관에서 마련되었던 「ㅇ과회」 창립을 시작으로 대구 근대화단의 새로운 역사가 시작되었다. 한편으로 대구미술은 일제강점기라는 시대적 상황에 따른 수동적 근대문화의 수용으로 인해 적잖은 문제점을 낳은 것 또한 부정할 수 없는 사실들이다. 일본인 미술그룹인 「자토회」의 활동과 대구 화가들의 찬조출품 배경, 「ㅇ과회」 해체 이후 조직되었던 「과료회」의 출현과 진보적 좌파경향의 예술인들의 활동내용, 나아가 「향토회」가 한국 서양화단에 끼친 영향과 회원들의 작품 활동 규모 등 아직까지 정확한 자료와 수집된 추가 자료들이 전무하고, 선행 연구자들의 연구결과에만 의존해 나가고 있는 게 대구근대미술사의 현실이다.

이상정은 1925년 무렵 중국 망명을 한 후 난징에 정착하여 본격적으로 서각과 여행과 기행기를 쓰면서 서각 작품과 현대 시조 작품을 많이 남긴다. 그 가운데 이상정이 스스로 제작한 『청람인보晴嵐印譜』[1]와 『청금산방인화聽琴山房印花』[2]와 『청금산방금석고聽琴

---

1) 『청람인보(淸嵐印譜)』는 이청남(李晴南) 곧 이상정 편집하고 제작한 것으로 검인본이다. 책의 제작은 청금산방(聽琴山房) 곧 이상정이 직접, 광서 1년 1875년에 제작하였다. 1책(110장), 219방의 인장이 찍혀 있으며 21.7×11.7cm 크기로 서문 「청금산방금석고자서(聽琴山房金石稿自序)」에는 을해(1936)년 이청남(李晴南)이 제작한 것으로 되어 있으며 안표지에 서명은 『청금산방인화(聽琴山房印花)』로 되어 있다.

山房金石稿』라는 세 가
지 이본이 있는데 이
상정이 1936년에 『청
람인보』를 먼저 제작
하였고 연이어 1936년
에 자신의 서각 작품
을 직접 찍어 『청금산
방인화』를 제책하였다.
우리나라에서는 아무도
언급하지 않은 이상정
의 저술인 『청금산방
금석고』3)라는 책은 중
국에서 고서적으로 유

1 『청금산방인화』 대구화랑소장
2 『청금산방금석고』 중국 출판
3 『청람인보』 국립중앙도서관

현재 국립중앙도서관 소장, 위창 정인보 소장 고도서, 등록 번호 3267번이 있다.『청
금산방인화(聽琴山房印花)』는 어떤 경위인지는 모르지만 대구에 있는 대구화랑에
도 소장되어 있다.

2) 『청금산방인화(聽琴山房印花)』 이상정이 편집하고 제작한 인보(印譜)인데 유실되어
최근 대구화랑에 수장되어 있는 것으로 알려져 있다. 이 책은 1책(198장), 239방의
인장이 찍혀 있으며, 1936년 중추절에 금릉(金陵, 지금의 난징)에서 쓴 '자서(自序)',
'대서(代書)', '청남우지(晴南又識)' 그리고 마지막에 이상화의 인장으로 '상화(相
和)'와 '이상화(李相和)'가 찍혀 있다. 그 후 이상화가 만년필로 첨필하여 '어베이징
형정각 만리장상사(於北京 兄定刻 万里長相思, 베이징에서 형님 상정이 새긴 것이
다. "만리 떨어진 곳에서 애타게 그리워하다."라고 써 놓았다. 이 인보는 1930년대
중반 이상정이 자신이 쓴 원고를 국내에서 출판하고자 했던 증언이 났는 것으로 보
아, 1936년에서 1937년 사이에 중국에서 가져온 것으로 생각되며, 한 독립운동가의
예술혼과 한국 근대 전각사의 공간을 확대하는 자료로써 의미가 크다.

3) 『청금산방금석고(聽琴山房金石稿)』는 책을 제작한 년대는 미상이고 선장본 13.50
×19.30cm로 편저자는 이상정으로 생몰연대 미상, 일작 상정(湘汀), 字는 구여(寇
如), 호는 청람거사(晴南居士), 月城人, 재호(齋號)는 청금산방(聽琴山房) 강소월성
출신으로 오류로 된 해제가 온라인(바이두)에 떠돌아다닌다.

통 판매되고 있음을 확인하였다. 결국 이 책은 3종의 이본이 있는 셈이다. 『청금산방인화』는 이상정이 편집하고 제작한 인보인데 최근 대구화랑에 수장되어 있는 것으로 알려져 있다. 이 책은 1책(198장), 239방의 인장이 찍혀 있으며, 1936년 중추절에 금릉金陵(지금의 난징)에서 1차 제작하였고 그 후 1936년에 2차 제작한 다른 인본인 『청금산방인화』는 자신의 서각 작품을 직접 찍어 제작한 것이다(이상규, 「이상정 장군 육필 유고 『표박기』 해제」에서 인용). 『청람인보』는 이청남李晴南 곧 이상정이 직접 편집하고 제작한 것으로 검인본(중국)이다. 이 책은 1책(110장)으로 되어 있는데 219방의 인장이 찍혀 있으며 21.7×11.7cm 크기로 서문에는 「청금산방금석고자서聽琴山房金石稿 自序」가 달렸다.

을해년(1935) 중춘에 홍도객사에서 이청남李晴南이 쓴 「청금산방금석고자서」의 서문은 아래와 같다.

聽琴山房金石稿　自序

余自髫齡負寶東島所學無成

又逢陽九歸來家山滿目荒凉無地

可寓聊以浮白埋送靑春綠酒紅裙未

償素願內乏消然之資外無展眉之友

白屋寒士長夢黃梁熙攘世態相加

白眼而已大楡飄零江山瑟瑟闊人世之

奇變託詼諧以浮遊每見取籌魂魄

離室對坐黙然咄咄書空甚感朝爲

堂上之人夕爲階下之囚昨日東門之客

今登北邙之山木槿榮枯蜉蝣試息邑邑

心哀茫然涕下乃入深山欲依佛壇以覓

宿根簫簫雨樽譏護松韻非無澆滋本性

然而春花燕語秋月楓光溢增遲

暮之感三更蜀魄隔窗啼血九天

歸鴈背月叫侶空添襜衫之混乃離

鄉背井漂然去國生離死別圖之一身

淚添鴨水之波恨送客之風傲遊

漠北西入蒙古南轉百越或詠遺墟

時吊古人阿房宮趾禾黍油油華淸池

畔麥秀漸漸天津橋頭幾回

明月圓金谷古墟幾度夕陽紅

落花無語逝波不息涕泣於靑塚

驪山之巔唏噓於洙泗伊洛之濱

今寃古恨熠集于客子心頭以渺渺七尺

有涯之身負茫茫千古無涯之愁踏破

燕趙吳楚　未逢擊缸吹簫之客

彷徨齊秦梁魏　再無屠沽夷門之人

而流落江南十年于玆隱居金陵

種竹澆花盡吟離騷之章

夜讀黃庭之經聊送餘生每想古

人之手澤龍泉太阿埋沒已久舞

殿歌榭杳矣無形至於秦瓦

漢玉金石書畵或觀眞跡撫之

摩之愛之如命無乃阮裏羞

澀徒作壁上之觀乃不顧效輦

之醜自抑汗惡書之刻之以表今日

之心緒而俟後之來者而已

乙亥 仲春 於洪都客舍

李晴南

청금산방금석고자서

내가 약관에 책 상자를 지고 동도東島로 갔으나 학문을 성취하지 못하였고 또 양구陽九의 액운[4]을 만나 고향집으로 돌아오니, 눈에 가득 황량한 형상이 들어와 붙이고 살만한 곳이 없었다. 애오라지 호쾌하게 술잔을 들이키며 청춘시절을 묻어 보내어, 술과 여인으로 생활하다 평소 바라던 일을 실현하지 못하였다. 안으로는 소비할 재물이 부족하였고, 밖으로는 이마가 활짝 펴질 정도로 마음을 나눌 벗이 없었다. 오두막의 한미한 선비가 길이 허황한 꿈을 꾸며 사람들이 이익을 좇아 어지럽게 모여드는 세태를 경멸할 뿐이었다.

---

4) 양구(陽九)의 액운 : 양구는 음양도(陰陽道)에서 수리에 입각하여 추출해 낸 말로, 4500년 되는 1원元 중에 양액(陽厄)이 다섯 번 음액(陰厄)이 네 번 발생한다고 하는데, 106년 되는 해에 양액이 발생하기 때문에 그런 이름이 붙여졌다고 한다. 일반적으로 엄청난 재액(災厄)을 말할 때 쓰는 용어이다. 『한서』「율력지」상.

큰 느릅나무에 바람이 불어 나뭇잎이 나부끼며 강산이 스산해질 때, 인간 세상의 기이한 변화를 둘러보며 해학에 의탁하여 이리저리 떠돌았다. 늘 산가지를 뽑아 보니 혼백은 집을 떠나고 그림자 마주하여 묵묵히 앉아 한숨지으며 탄식하였다. 아침에는 당상에 오른 사람이 되었다가 저녁에 섬돌 아래 죄수가 되고, 어제 동문의 객이 오늘 북망산에 오르니, 무궁화 나무가 무성했다가 시드는 것과 같고 하루살이가 한 번 숨 쉬는 것과 같아 서글픈 심사를 한탄하며 망연자실 눈물을 흘렸다.

이에 깊은 산으로 들어가 불단佛壇에 의지하여 수행의 근기根基를 찾으려 하였다. 그런데 물동이에 울리는 빗소리와 소나무에 이는 바람 소리는 모두 본성이 우러나게 하였다. 봄꽃에 제비가 지저귀는 소리와 가을 달에 비치는 단풍 빛깔은 늘그막의 감회를 더욱 자아냈다. 삼경의 두견새는 창 너머에서 피를 토하듯 울고 하늘가로 날아가는 기러기는 달을 등지고 짝을 부르니, 부질없이 옷소매에 눈물이 흥건하였다.

그 뒤 고향 마을과 나라를 떠나 유랑하며 산 사람과 이별하고 죽은 자와도 떨어져 한 몸을 보전하려 하였다. 압록강 강물에 눈물을 뿌리고 나그네를 보내는 바람을 한탄하면서, 사막 북쪽으로 멀리 유람하다 서쪽 몽골로 들어갔다. 평생 남쪽을 떠돌아다니며 황폐한 옛터를 노래하기도 하고 때로는 옛사람을 조문하였다. 아방궁 궁궐 자리에는 벼와 기장이 무성하고, 화청지 가장자리에는 보리 이삭이 자랐다. 천진의 다리 머리에는 밝은 보름달이 몇 번이나 떠올랐으며, 금곡원의 옛터에는 붉은 석양이 몇 번이나 지났던가. 지는 꽃은 소리가 없고 흐르는 물은 쉬지 않는다. 청총靑塚과 여산[5]의 언덕에서 눈물 흘리고 수사洙泗와 이락伊洛[6]의 물가에서 탄식하였다.

지금 그 옛적의 영화가 나그네의 마음속에 쌓여 원망스럽다. 보잘것없는 칠 척의 유한한 몸으로 아득한 천고의 무한한 근심을 짊어지고 연燕·조趙·오吳·초楚 지역을 모두 걸어 다녔으나 질장구를 두드리고 퉁소를 부는 객을 만나지 못하였고, 제齊·진秦·양梁·위魏 지역을 방황하며 돌아다녀도 다시 백정이나 문지기는 없었다. 그렇게 강남 지방을 떠돌아다닌 지가 이제 10년이다. 금릉에 은거하여 대나무 심고 꽃에 물을 주며, 『이소경』[7]을 실컷 읊조리고 밤이면 『황정경』[8]을 읽으면서 그런대로 여생을 보냈다.

매양 고인의 수택을 생각해 보면, 용천검과 태아검[9]은 매몰된 지 이미 오래고 춤추던 전각과 노래 부르던 정자도 아득히 형체도 없으며

---

5) 청총(靑塚)과 여산(驪山) : 청총은 한나라 왕소군(王昭君)의 묘를 말하고, 여산은 진시황의 무덤이 있는 곳이다. 왕소군이 오랑캐 추장의 아내로 잡혀가서 죽었는데, 그 지방의 풀들은 다 백초뿐이나 오직 소군의 무덤에는 청초가 돋았음. 두보의 시에, "홀로 청초만이 남아서 황혼을 향한다(獨留靑塚向黃昏)"라 하였다.

6) 수사(洙泗)와 이락(伊洛) : 수사는 노나라 곡부(曲阜)에 있는 수수(洙水)와 사수(泗水)를 아울러 일컫는 말로, 공자가 이 지역에서 강학 활동을 하였다. 이락은 정호와 정이가 강학하던 이천과 낙양으로, 정주학(程朱學)의 연원을 가리킨다.

7) 이소경(離騷經) : 중국 초나라 회왕(懷王) 때 굴원이 지은 부(賦)이다. 굴원이 근상(靳尙)의 참소로 쫓겨난 후 연군의 정을 읊은 글이다.

8) 황정경(黃庭經) : 위진시대 도교의 경전이다. 인체를 상·중·하로 구분하고, 정(精)·기(氣)·신(神)을 잘 닦아 황정(黃庭)에 응집시켜야 한다는 양생의 원리를 담고 있다. 삼황정(三黃庭)의 원리는 의가에서 말하는 삼초(三焦)의 학설과 맥락이 같다. 당나라 이후에는 『주역참동계』의 연단 사상과 결합하여 내단을 중시하는 도교 방술의 주류를 이루었다.

9) 용천검(龍泉劍)……태아검(太阿劍) : 보검 이름이다. 오(吳)나라 때 북두성과 견우성 사이에 늘 보랏빛 기운이 감돌기에 장화(張華)가 예장(豫章)의 점성가 뇌환(雷煥)에게 물었더니 보검의 빛이라 하였다. 이에 풍성의 감옥 터 땅속에서 춘추 시대에 만들어진 전설적인 보검인 두 보검을 발굴했다 한다. 『진서』 권36 「장화열전」.

진나라의 기와, 한나라의 옥, 금석과 서화 같은 것도 간혹 진적眞跡을
볼 수 있었다. 그럴 때면 어루만지고 쓰다듬으며 목숨처럼 아꼈으니,
완물상지의 부끄러움이 아니겠는가. 다만 벽 위의 관상거리를 만들
어 얼굴을 찌푸리며 되돌아보지 않으니 스스로 부끄러움을 억누르고
쓰고 새겨서 속마음을 드러내고 뒤에 오는 자를 기다리노라.

을해년(1935) 중춘에 홍도객사에서

이청남李晴南

이상정이 남긴 매우 중요한 『표박기』 육필 원고는 1925년부터
1930년까지 5년 간 이상정 장군의 중국 망명의 행적을 밝히는 데
결정적인 자료가 되며 이 내용과 연계하여 그 이후의 행적을 유추
해 볼 수 있는 고급의 독립운동 관련 기록물이다. 최근 필자가 이
내용 안에서 장시조 5수와 단시조 18수를 발굴하여 소개한 바가
있다.

이여성의 삶과 예술

이여성은 1919년 만주에서 귀국하여 「혜성단」을 조직하고 전
국 각지를 돌아다니며 사회주의 운동을 하다가 「제령 7호 위반사
건」으로 구금되었다가 출옥한 후에 대구에 들러 이상정과 함께
1923년 11월 대구미술전람회에 서양화 18점을 출품하여 전시회를

갖는다. 그의 그림은 누구에게 사사했는지 밝혀지지 않았는데 아우 이쾌대와 상호 영향을 받은 천재형 화가였다.

이여성은 1923년 무렵 서양화를 그리다가 점차 동양화 쪽으로 기울어져 매우 섬세하면서도 드라마틱한 대작들을 발표하게 된다. 한동안 붓을 놓았다가 1930년 무렵 귀국하여 『조선일보』와 『동아일보』에 근무하면서 특히 『동아일보』(1934.9.1.)에 「이여성 신추만필, 국자가의 밤」, 『동아일보』(1936.1.6.)에 「이여성(청정)씨화」, 『동아일보』(1936.2.7.)에 「이여성(청정), 설훈(삼한사온집)」, 『동아일보』(1936.2.15.)에 「이여성(청정), 설경(삼한사온집)」, 『동아일보』(1936.7.4.)에 「신미도행(전5회)」, 『동아일보』(193 8.10.7.)에 「이여성작 악조 박연선생」, 『동아일보』(1939.1.3.)에 「이여성(청정) 고무되화」, 『동아일보』(1936.2.15.)에 「이여성(청정), 설경(삼한사온집)」, 『동아일보』(1939.7.6.)에 「향토무악인 농악 강릉 「풍물」의 인상기(상)(이여성 문 · 화)」, 『동아일보』(1939.7.8.)에 「향토무악인 농악 강릉 「풍물」의 인상기(하)(이여성 문 · 화)」, 『동아일보』(1940.1.3.)에 「이여성(청정)씨」 등의 신문 삽화와 글을 계속해서 싣는다.

향토무악인 농악 강릉 「풍물」의 인상기(상)
(이여성 문 · 화) 『동아일보』, 1939.7.6.

이 시기에 이여성은 우리 전통 생활에서 발견되는 옛 정서가 담겨 있고 또 아름답고 실용적인 대상을 주로 그렸다. 아울러 조선 여자의 의복 호장저고리에서 보는 우리의 독특한 정서

운혜・당혜가 새삼스레 그립다는 글도 발표한다. 이와 함께 매부인 김세용과 함께 『숫자조선연구』라는 책을 간행하면서 많은 논설을 발표한다. 박학하고 기민한 그의 천재성이 빛을 발휘하던 시기였다.

1934년 10월 제13회 서화협회전에 「어가 소경」을 출품하였다. 미술사에서 이 시점을 이여성이 화단에 등장한 것으로 보기도 하는데 이는 완전 잘못된 것임을 알 수 있다. 1935년에는 『동아일보』의 동아리 동우회가 주관하는 「이상범과 2인전」을 열어 소품 100여점을 출품하여 당시 국내 미술계의 주목을 받았다. 이여성은 당시 조선총독부에

1
2
3

1 **한겨레 신문 기사** 1991. 7. 12.
2 **격구도** 1930년대
3 **이여성, 〈화첩〉** 연대 미상

서 개최하는 미술전시회에는 일절 작품 발표를 하지 않았다.

이여성은 1934년 10월 20일 『조선중앙일보』「미술의 가을, 서화협전 금일 개막」 전시에서 서, 동양화, 서양화 3부 합동 전시로 200여점을 출품하였다. 이봉진, 최규상, 송진주, 강신문, 고의동, 이상범, 이석호, 김은호, 이응로, 이여성 등 서화협회회원들의 대규모전시회를 가졌다.

『신한민보』 1935년 4월 25일 「조선 기념도서 출판관 창립」 기사에는 대구 출신 일제 저항 변론인 이인이 아버지 상가 부조를 기금으로 내놓아 김윤경의 『조선문자급어학사』 출판 기념식에 권상로, 이구로, 정세권, 이인, 이윤재, 이종린, 주요한, 이은상, 김병재, 김성수, 이극도, 이윤지, 정세권, 김병제, 조만식, 안지홍, 이종린, 정인과, 유억겸, 송진우, 방웅도, 김활란, 이용설, 이만규, 이여성, 오천석, 여운형 등과 함께 참석한다.

1936년 무렵 미술, 전통공예, 역도 등 폭넓은 우리 전통문화에 대해 논저를 쓰고 지방에 다니며 현장 조사를 하였다. 특히 조선의 복식과 풍속화에 남다른 뛰어난 글을 남겼다. 그는 아버지가 마련해준

이여성이 「공업조선의 해부」라는 글을 발표하여 조선의 공업발전을 논하기도 하였다.

서울 중학동 집에서 살다가, 1938년 옥인동 56번지에 새로 지은 2층 양옥으로 이사했다. 1936년 7월 4일부터 7월 9일까지 5일간 『조선일보』에 그림과 글을 연재한 「신미도행身彌島行」도 매우 뛰어난 작품으로 그의 대표작으로 꼽는다. 이 연작은 그가 평안도 선천 앞바다에 있는 신미도를 다녀오는 과정에서 보고 느낀 바를 글과 그림으로 표현한 것으로, 그림은 신미도, 기울포, 장군굴, 운종산, 유열만을 소재로 그린 산수화 5폭이 소개되어 있다. 그는 곧 "화단의 혜성, 중년에 화도畵道로 전향한 동양화가의 귀재鬼才"로 평가받았고, 조선화단의 중견화가로 인정받았다.

이여성은 1936년 말 『동아일보사』에서 강제로 쫓겨난 후 동양화에 몰두하였다. 그의 화론은 1939년 『조선일보』에 5차에 걸쳐

이여성, 〈무제〉 연대 미상

「동양화과 감상법 강좌」를 발표한다. 또 그의 예술가론은 1935년 『신동아』에 게재된 글을 통해 알 수 있다. 그는 "현실 조선을 과학적으로 파악하는 예술가가 되자"라고 제안하였다. 조선의 사회주의 예술가들이 지향해야 할 바가 민중을 위한 창작활동, 즉 프롤레타리아 예술이라는 자신의 미술세계를 분명하게 제시하였다.

1938년에는 『동아일보』에 민중적 시각에서 바라본 역사화 시리즈의 일환으로 「청해진대사 장보고」, 「격구지도」, 「악조박연선생」, 「유선참마도」, 「대동여지도 작자 고산자」 등의 서사적 작품을 화폭에 담아 내었다. 1939년 1월 『동아일보』에 작품 「고무도」를 게재하였으며 1939년 7월 6일 「향토 무악인 농악, 강릉 풍물 이야기」를 발표하면서 작품 「상쇠」를 게재하였다.

1940년 『동아일보』가 폐간당한 뒤로는 복식 분야에 몰입해 『조선복식고』를 펴냈다. 이 책은 당시 황무지나 다름없던 한국의 복식 분야를 개척한 점에 의의가 있으며 복식사와 미술사를 연구하는 이들에게 매우 중요한 자료가 된다. 『조선복식고』에는 이화여전 학생들이 이여성의 고증으로 재현한 삼국의 옷을 입은 사진이 수록되어 있다. 『자유신문』 1946년 9월 9일에 이여성 개인전이 태백공사와 신문화연구소 주관으로 개최되었음을 알리고 있다. 그는 1941년 『조선복색원류고』에서 백색의 한복 복색은 조선시대 통치의 결과라는 사실을 입증함으로써 그것이 향토성의 필연적 결과라는 주장을 반박하였던 것이다.

1940년 이후 다시 정치적인 활동에 뛰어든다. 여운형과 함께 건준위 선전부장을 그리고 전국인민자대표회의 선전부장 등을 맡으며 여운형이 피살될 때까지 이상정의 아우 이상백과 함께 활동하였다. 1947년에 『조선복식고』(백영당) 발간 그 이듬해 1948년 4월 20일 남북연석회의 참석차 평양에 들어가 다시 되돌아오지 않았다. 이여성은 1948년 초 월북하여 최고인민회의 대의원으로 선출되었지만 정치가가 아닌 학자로서 생활하였다. 이여성이 북한에서 진행한 연구는 고고학, 한국미술사, 한국건축사 등이다. 그가 북한에서 이룩한 대표적인 학문적 성과는 『조선미술사개요』에 압축되어 있다. 이 책은 북한 최초로 사회주의적 시각에서 쓴 미술사라는 점에서 의의가 있다. 그러나 이 책은 이여성이 숙청된 이후 경북 선산 출신인 김용준에게 철저히 비판을 받으면서 북한 학계에서 공식적으로 사라졌다.

대구미술은 일제강점기라는 시대적 상황과 수동적 근대문화의 수용으로 인해 적잖은 문제점을 낳은 것 또한 부정할 수 없는 사실들이다. 일본인 미술그룹인 「자토회」의 활동과 대구 화가들의 찬조출품 배경, 「ㅇ과회」 해체 이후 조직되었던 「과료회」의 출현과 진보적 좌파경향의 예술인들의 활동내용, 나아가 「향토회」가 한국 서양화단에 끼친 영향과 회원들의 작품 활동 규모 등 아직까지 정확한 자료와 수집된 추가 자료들이 전무하고, 선행 연구자들의 연구결과에만 의존해 나가고 있는 게 대구근대미술사의 현실이다.

대구서양화의 문을 연 이상정과 이여성의 삶과 예술은 근대의 끝자락에서 현대로 이어지는 매듭을 만들면서 그들의 흔적들이 이념이라는 음습한 기운에 뒤덮여 아릿한 나비 날개의 몸짓의 아픔으로 달구벌에 내려앉는다. 기억 속으로 사라진 역사의 바깥에 놓은 그들이 남긴 흔적을 하나씩 찾아 나서야 할 시간이다.

이여성의 「상해보산로上海寶山路」

『삼천리』 제2호 1929년 9월 1일 이여성이 쓴 「상해보산로」라는 글이다. 1929년 무렵 이여성과 아내 박경희가 중국 항저우에서 김원봉과 이상정 등과 의열단 활동을 벌이던 중 고난한 모습을 생생하게 그리고 있다. 이여성이 "L군"으로 표현한 부분은 아마도 이상정을 뜻하는 것으로 보인다. 중국 내 손방전과 국민군 사이에 벌어진 군벌 쟁투가 벌어진 현장의 참담한 모습을 생생하게 묘사하고 있다.

우리 집은 자베이閘北 바오산루寶山路이다. 병든 아내는 영국조계英租界 ima병원으로 갔다. 나는 R군을 찾아 독일조계 KC로 숭부리崇慶里로 갔다.

이 날은 상하이 날씨로서는 희한하다고 할 만큼 진애와 운연이 더러운 것이나 어지러운 것을 떨어버려 깨끗하게 되어 태양의 자광선이 따갑게 나려 쪼이는 날이다. 길 위에는 고무바퀴 인력거黃包車, 자동차汽車, 걸어 다니는 사람으로 잡답雜踏하고 점포도 여상하게 열렸다. 무단점綢緞店(체인점)이나 백화점 2층계 위에서 울리는 광고 군악도 어제같이 들린다.

R군은 어디를 갔을까?

나는 할일 없이 돌아서지 않을 수 없었다. 북부정류장北站을 향하야 걸음을 돌렸다가 수주로蘇州路 네 거리를 접어들 때 나는 우연히 아내를 그 곳서 만나 00로 입구(들미)까지 걸어오는 길이다.

아! 무엇? 저!

군중은 뒤치는 광란노도狂爛怒濤와 같이 우리 편을 향하야 달려온다. 그 군중의 배후에는 뽀-얀 연기가 보인다. 화약 연기硝烟이다. 총소리와 기관총 소리가 들린다. 그 소리는 귀가 따갑고 묵직한 소리다.

"여보! 길이 막혔소!"

"그러면 어떻게 해요-"

"갑시다. - 빨리 오시요!"

아내는 병들고 약한 사람이다. 오늘에서야 겨우 병원까지 걸어갈 용기를 가진 사람이다. 시간에 쫓기는 생명의 위협에도 그의 취약한 다리에 무거운 발은 몇 걸음 달리지 못 하야 주저앉고 말았다.

총소리는 행진한다.

우리를 향하야 전진한다.

군중은 홍수같이 다-밀려가고 그 지나간 자리에는 3~4 무더기 시체가 피와 흙에 뭉쳐 구를 뿐이요 남은 자는 우리 부처밖에 없었다.

사람 그림자人影가 끊어진 회색 가로에는 전률, 공포도 다 지나가고 차라리 슬픔이 감돌았다.

그 한 시간 뒤 중국인이 다니는 모 소학교 지하실에서 우리들이 소강小康을 얻게 되었을 때 소생(?)의 기쁨은 웃음으로 터져 나오게 되었다.

그 지하실은 음침하고 냉기가 가득 차 있었다. 아동들이 까먹은 수박씨 낙화생 껍질은 찻물인지 오줌물인지 모를 누리쩍한 물에 반죽이 되다시피 되어 온방에 어질어져 있다. 소학교의 대청소를 할 무렵灑掃應對 進退之節에 응대진퇴應對進退는 몰라도 쇄소지절灑掃之節은 알뜰하게도 못 가르친 소학교이었다. 그것이 그 학교 생도 식당이라는 곳에서 놀라지 안을 수 있나!

그러나 그 지하실은 고마웠다. 그 지하실은 그 위에 3층 건물을 이었으니 여간한 포탄은 내려 꽂혀도 무관할 것이요. 또 지하실인 만큼 소총 탄환이야 하등 위험을 주지 못한다. 또 그 앞에는 4~5장 연와담장煉瓦墻이 둘러 있으니 얼마나 안전한 피난처일가? 과연 조선 가옥을 방한적이라 하면 지나가옥은 방화적防禍的이다 하야 적당할 것도 같았다.

가만히 숨을 죽이고 있으니 상하이는 부서지는 것 같은데 조금 전까지도 들리지 않던 포성과 비명과 함성吶喊聲!

이제 와서는 소총성같은 것은 하등 놀라움이 아니다.

나는 아내의 만류를 듣지 않고 3층 계상으로 올라갔다.

뭇 탄자가 상하이의 공간을 휘치고 있는 데도 따뜻하고 밝은 태양광선은 그 남쪽 편 큰바다洋臺 창문을 평화롭게 투사하고 있다. 그러나 그 창문 위에 붙은 환기창에는 동글게 구멍이 뚫리고 천정에는 탄환이 들어박힌 파흔이 있다. 그것은 유탄의 소의所爲인 것이 분명한 것만큼 창문 가까이 접안치 말라는 유력한 경고였다. 그러나 창밖에서 들리는 비명과 함성! 꽝꽝轟轟한 포성! 내 귓가로 지나는 듯한 수 없는 총소리는 나의 뒷걸음질逡巡을 꾸짖으며 욕罵罵하는 것 같기도 하고 비겁을 조롱하여 웃嘲笑는 것 같기도 하였다.

내가 창문턱에 몸을 가볍게 붙이고 길거리街界를 내다 볼 때는 벌서 영국 육군의 군용 자동차가 인도 병사를 가득가득 실고 강만로江灣路 부근을 향하야 질주하는 때이다. 그 자동차들은 삼면을 철가鐵架에 보호색 칠한 방수포로서 두르고 후면만 할개 된 치중용 자동차인대 그 속에는 연통소제부煙筒掃除夫같은 남 인도산 "드라비다"족 인도 병사가 2톤 중량이 오히려 넘을 만큼 빽빽이 올라탔다. 모든 긴장성이 극렬한 태양열에 다 녹아버린 듯한 인도인의 유유한 동작과 허심한 표정은 금일 - 이 같은 살일殺日 - 에도 조금도 변함이 없다. 그들을 실은 8~9량 차가 연이어 달릴接種馳去 때에 그 우측에서는 고무바퀴의 인력거黃包車 차부 우편배달부, 학생, 점원, 짐꾼苦力, 阿姆(어멈) 등이 손짓발짓을 하면서 무어라고 욕찌거리를 퍼붓는 모양인대 그 손에는 권총, 긴 칼, 곤봉들을 모두 들었고 혹은 선조총旋條銃을 들었다. 그 칼을 든 손은 잘못하면 제 귀나 앞 사람 머리를 날릴 듯 하고 그 총 잡은 꼴은 옆에 선 사람들 겨누기도 하고 뒤에 선 사람을 놀라게도 하니 앞선 사람에게야 더 말할 것이 없겠나. 실로 무서운 무장군이다. 적에게도 무서운 무장군이려니와 그네들 자신에게도 무서운 무장군이다. 그

가운데 일원 무장 청년이 뛰어 나서더니 녹 쓴 방아쇠를 서툴게 재켜 놓고 포켓' 속에 탄알彈子 한 개를 끄내어 한 방을 장진하여 몰아가는 자동차 후면 인도 병정이 빽빽이 탄 곳을 겨냥하여 한 발을 쏜다. 아무리 훈련 없는 포수이기로 지척에서 밀집부대를 보고 쏘는 것이야 안 마칠 리치가 있나. 한 발 또 한 발 난발!

"아! 가엽다. 불상한 생명들" "수다의 검은 생명들이 그 속에서 피 흘리고 넘어졌을까?"

"오기가 잘못이라는 것을 얼마나 아프게 느꼈으리오" "그러나 오기가 잘못이라는 것은 죽음에 다달아臨死에 깨다를 일이 아니다. 생전에 어린 아이兒初 때에 느꼈더라면 얼마나 다행하였을까?" 나는 혼자말로 죽은 자를 이렇게 원망도 하여 보았다.

그러나 인력거自働車는 무심하게 전장으로 전장으로 풍우같이 달려가고 말았다. "대영조계"의 안전을 위하여 산 제사를 바친 인도인의 충렬은 …(중략 – 원문)…

그때 무장군은 그 인력거 달아나는 길에 수직으로 가로질린 우측 좁은 항에서 급류와 같이 그 좌편 골목쟁이로 솟처 들어간다. (생략 – 원문 –)

그 기수는 우편배달부이었다. 뒤에 따라가는 점원인양한 사람이 그 우편 망태를 대신 걸머멨는데 그 속에서 무슨 '빠라'를 끄집어 내여 흩는다. 그리고 학생, 노동자苦力, 인력차부人力車夫, 유모阿姆 등이 고함吶喊聲을 치면서 뒤를 잇는다. 그들의 영솔자는 그 줄의 양측에 서서 쌍수에 잡은 권총뿌리로서 감독, 지휘한다.

"조계침입" "겁략주택"은 그들의 공작 상 큰 금물이었다. 쌍수에 잡은 영솔자들의 권총은 홍분된 오합지중이 혹 동급밖埒外으로 외람히 벗겨 나서지나 않을까 하는 경계이었다.

　3~40분이 지남에 그들은 다 조계로를 지나가고 함성과 총성도 멀리 북녘 남부에서 들릴 뿐이다. 그때 영군은 그 좌우 협로를 철조망과 모래주머니沙袋와 망철판으로 봉쇄하여 버리고 경기관총 1대를 각각 비치한다. 그리더니 난대 없는 자동차, 인력차, 일륜차, 자전거, 보행인의 홍수가 제방이 무너진潰決 것처럼 일시에 몰아닥친다.

　나는 급히 아래층으로 달려 나려가서.

　"여보 집으로 갑시다."

　아내는 이상하게 홍분된 얼굴로 입에다 두 손가락을 힘 있게 대이고 말하지 말나는 것을 보인다.

　"나를 일본 계집 같다고 저희끼리 야단났어요!"

　내가 지하실 계단에 썩 내려설 때 불량배流氓(청나라靑紅邦 등 녹림객비밀결사의 분자) 같은 자 하나가 쑥 튀어 나서더니 아즈 친절하게 웃는 낯으로 사는 집府上 소재처를 묻는다.

　"바오산루寶山路 -"

　나의 대답은 간단하였다.

　"당신은 고려 사람이지요?"

　"그렀소"

　나의 대답은 일향 간단하였다.

　그리고 우리는 그 학교정문을 향하야 걸어 나온다. 이불 뭉치를 바리바리로 실어다 놓고 분주하게 떠들고 있던 4~50명이 넘을 듯한 중국인 피난 객들은 모두 시선을 우리에게로 돌린다.

　"마치 일본 사람 같다"

이런 소리가 이 입 저 입에서 나오게 될 때 우리의 발자취는 점점 무거워지는 것 같았다. 난징사건을 경험한 금일 중국인거리에서 "일본사람" 면모와 근사한 면모를 가지고 활보하기는 너무 대담한 일이기 때문이다.

마침내 우리 집을 찾아 들어갔다. R군이 문을 열고 고대하는 중이다.

R군은 중국 풍진에 소조한 경험이 많은 사람인만큼 다른 말 다 제쳐 놓고

"먹을 것은 있소?", "내 올 때 형편이 좀 톨넛기 쌀은 한 푸대를 가져다 놓았어"라고 한다.

우리는 R군의 유념성을 감탄치 안을 수 없었다.

그래서 점심을 지어먹은 뒤 R군의 안내로 법계에 피난할 예정으로 짐을 뭉크리다가 보니 늦은 점심이 되어서 벌써 날이 저물고 아내는 몸에 열이 오르기 시작하며 게다가 총소리는 어두움을 따라 점점 세가 무서워진다. 앞집 베란다洋臺에 유리창이 바싹 내려 앉았다. 앞집 뒷집은 사람 기축이 없는데 우리 집 뒤 창문에서 빗겨 보이는 순상리順祥里 담모퉁이에는 한 부대의 사복을 입은 부대便衣隊가 벽에 납작 붙어서 청운로靑雲路 방면을 향하야 맹사격을 하고 있다. 만약 그 방면의 저항 사격이 온다면 우리 집은 어떻게 되는지? 그들의 맹사격이 청운로 방면으로 가면 갈수록 우리의 불안은 점점 커진다. 과연 반사격! 반사격이 온다! 우리집 기와장이 떨어지고 서쪽 벽 연와에는 총알 박히는 소리가 사람의 가슴을 서늘하게 한다.

"피난!"

세 사람 입에서는 이 말이 다 - 한마디씩 나왔다. 그러나 문밖에 한 걸음이라도 내딛는 것은 만용이었다. 우리 집 서편 벽은 반사격의 목표(?) 적어도 그 윤곽 중에 잇는 까닭이다. 실로 서편 벽이 연와 축인 것이 얼마나 고마운 일이었을까?

이리하야 다음날 아침이 된다. 길거리에는 쑨촨팡孫傳芳 군벌의 패병의 시체가 여기저기 피를 쏟고 쓸어져있다. 회색 군복이 하얗게 변하고 닳아 미어저서 깁고 또 깁은 꼴이야 거러지丐乞의 남루한 옷襤褸衣과 조금도 다름이 업다. (이하 1항목 생략 - 원문-)

싸움은 아직도 끝날 줄 모르고 톈퉁화 역天通火站 부근에서 들이는 쑨촨팡孫傳芳 군대의 소총, 기관총소리와 상무인서국 인쇄공창과 그 도서관 부근에서 울리는 혁명 정규군의 소총, 기관총소리가 어지럽게 맞장구를 치면서 살륙의 제 2일은 또 화약 연기硝烟 사이에서 저물고 말았다.

다년 전쟁兵燹에 체험이 있는 상하이 사람들은 불상계 공공상계로 또 다른 안전지대로 다 피난 가버리고 집집마다 무거운 자물쇠만 매달려 있을 뿐이다. 그러나 그 가운데 돈 없는 가족이나 조계지에 친속을 가지지 못한 가족이나 우리가치 10리 탄우彈雨를 무릅쓰고 가야 겨우 피난처를 얻을만한 사람들은 그래도 이 골목 저 골목에서 요행만 바라고 처저있는 모양이다.

이날 밤은 전등이 없다. 전등이 꺼졌다. 칙암漆暗한 죽음의 길거리에는 탄우가 끝날 줄도 모르고 내려 쏟는데 악마의 주저하는 소리와 같은 고함吶喊은 멀리서 가까이 가까운 대서 또 멀리 일진일퇴. 일기일식. 밤이 새도록 또한 계속한다. 다음 날 아침이 되매 우리는 죽 한 끼를 또 끄려 먹고 치웠다.

칩거蟄伏 2일. R군의 우울증은 온양醞釀이 될 때로 된 모양이다. 긴 하품을 한번 치더니

"오늘은 좀 나가보아야 되겠는 걸. 사내가 날리 구경을 해도 바깥에서 해야지 방 속에서 하기는 좀 부끄러운 일이여ㅡ"

그렇다고 나는 R군을 문밖으로 떨쳐 보낼 용기는 도저히 없었다. 더욱이 처는 그 말을 듣더니 깜짝 놀라면서 R군의 모자를 어디로 가져다 감추고 들어온다.

과연. 나도 이틀 동안이나 간장 밥만 먹고 쪼글이고 들어 앉았기에는 압증이 나지 않을 수 없었다. 또 다시금 생각하니 R군의 말처럼 남같이 총칼을 잡지는 못할망정 남의 굿 구경하는 것조차 밖에서 하지 못하고 공연히 방 속에서만 떨고 들어 앉았다는 것이 참 나부儒夫같기도 하였다. 그러나 또다시 생각할 때에 이틀 동안 주주야야로 들어온 총소리가 인제는 귀에 딱지가 앉아서 모골의 송연한 맛이 전연 없어지고만 까닭에 이따위 사치스러운 소리가 나오지는 안는가 하는 의문도 생긴다.

이윽고 10시 종이 울리매 멀리 들리는 포향, 가까이 들리는 총성도 바야흐로 수그러져 가고 대상하이의 질식된 호흡도 인제야 골목골목에서 터져 나오기 시작한다.

벌서 사산로寫山路 길가에는 행인이 빈빈하고 인력거꾼은 손님을 실고 달린다. 또 어떤 손님은 "한 장에 십전一角小洋", "一角大洋"하면서 인력거꾼과 열심히 에누리를 하고 있다. '완당' 장사도 어느새 나와 4, 5인으로 밀린 고객들을 그 주위에 세우고 대발사發射(돈벌이)를 하는 모양이다. 집도 절도 없는 그들이 어디를 피난 갔다 왔기에 그 생명들이 다 온전하였으며 그 중대한 영리기구는

또 어느 곳에 감추어 두었다가 가지고 나왔기에 저같이 유루가 없을까! 아직도 류탄이 채 끝치지 않은 찰나 곧 전일의 생활태로 돌아가고 마는 그들의 심사는 기이하기 그지 없었다. 이것을 지나인의 대륙적 활담성活膽性이라 할까. 또는 지나인 독특의 모리발재욕謀利發財慾이라 할까. 혹은 제4계급에 속한 지나인의 세계적 빈궁으로 인함이라 할까. 참으로 나와 같은 반도인으로서는 이해케 어려운 기관이었다.

우리 방에서는 '완당' 한 그릇 사먹을 공론이 돌았다. 그때 나는 '특파원'이 되어 오래간만에 길거리에 처음 나가 보았다.

중국제난회 공관 문전에 청천백일 만지홍기滿地紅旗는 벌써 5색 홍기에 대신하야 펄펄 날리고 있으며 그 집 앞에는 5~6인 번병番兵이 늘어서 있는데 그 중에는 15~5세 정도의 소년병이 총대가 무거워서 곧 울음이 터질 듯 하게 서서 있었다. 그 좌측에는 급조한 목곽木槨 10여 개를 평면으로 나열하여 놓았는데 가까이 가서 보니 모두 빈 곽空槨이 아니요, 남루한 군복에 혈판血斑이 점점한 참담한 희생자가 그 속에 들어 있었다. 곽 문을 반개하였으니 그는 친족 자에게 감별의 편의를 주고자 함이었으나 길가는 사람에게 적잖은 불쾌감을 준다. 그때 별안간 발발굽 소리가 뒤에서 들리기에 나는 고개를 돌렸더니

아 그들은 여자 기마병女騎兵들이었다.

말을 탄 7~8여인은 침묵 근엄한 태도로 **한 전적戰跡을 두리번 두리번 살피면서 역站을 향하여 지나간다. 그들은 웃음에 필 젊은 여성들이로되 남성보다도 기우氣宇가 *살 되여있고 그들의 고유한 **연 육*적***도 **풍진에 거두어 볼 겨를이 없어 오직 **하여 있을

뿐이었다.

그 가운데 일원 여 기마병은 중산복을 입고 허리에 탄대를 둥이었는데 왼편 허리에 매어달린 장검長釰은 그가 신은 검은 장화를 때때로 부딛쳐서 그 무기있는 말발굽馬蹄소리로 더불어 나에게 이상한 감격을 주었다.

나는 아마 한 시간이나 그 길거리에서 어정거렸을 것이다.

집에 돌아가니 '완당'이 식어빠지도록 제군은 나를 기다리고 있었다. 그래서 한 10분 동안은 꾸지람 듣기에 나는 바빴다.

조금 있더니 집주인이 와서 문을 두들기며 소리를 높혀 우리들의 안부를 묻는다.

"한심한 것들! 돈만 아는 것들! 문 열어주지 말아! 저희들끼리 피난 좀 더 알뜰히 하고 오게" 나는 이렇게 제의하였다. 그러나 요원수의 '완당' 장사! 그 이 빠진 그릇을 곧 깔거나 먹는 것같이 그릇 내여 달라고 집주인과 합세가 되어 야단을 친다. 그렇다고 또 내려가서 문을 곧 열어주는 수는 없었다.

석양이나 되어서 집주인은 다시 와서 문을 두드렸다. 그때 R군이 문을 열어주고 눈썹을 좀 곤두세우는 것 같더니 그 주인 남녀는 다－들어와 긍긍연兢兢然 배읍拜揖을 하며 백배천사百非千謝를 하는 모양이었다.

그래서 조금 있더니 남퇴南腿(돼지 뒷다리) 1쌍이 문을 열고 들어온다.

'용서請寬', '용서請寬'

우리 세 사람은 깔깔 웃고 '不也眞', '不也眞'(관계 없소)을 제발하였다. 그 때 주인은 문을 닫고 아주 급히 내려가는 형색을 보이더니 다시 좀 아까운 생각이 났는지 책상寫書床 위에 제가 올려 놓은 돼지 다리를 다시 슬그머니 옆에 끼면서 '謝謝'을 한 두번 꺾더니 문밖으로 사라진다.

우리들은 또 깔깔깔깔깔.

이날 밤은 베개를 높이 하고 걱정 없이 잘 잤다. R군의 코 기리는 소리조차 극히 평화스레 들린다.

이리하야 보산로寶山路는 우리에게 잊을 수 없는, 그러나 또한 흥미있는 인상을 남겨 주었다.

(끗)

3장

대구 최초의 현대 시조작가 청남 이상정
장시조 5편과 단시조 9편 발굴

서문

청남 이상정(1897~1947)은 1925년부터 광복이 될 무렵까지 중국 군대에서 항일 투쟁에 참여하다가 임시정부에도 복무하여 광복군 창설을 지원하였고 중국 현지에서 무장투쟁을 지휘하였다. 중국 육군 소장으로 전역한 군인으로, 항일 독립운동에 적극 가담한 인물이다. 그는 일제와의 투쟁을 중국 국민혁명군 평위샹馮玉祥의 참모 장군으로 장제스蔣介石 총통 막하에 있었고, 임시정부 시절에는 임시의정원으로 활동하였다.[1] 광복 이후 한국 정치사의 흐름에서 주요한 위치에서 활동할 만한 인물이었으나 1947년 9월 귀국하여 10월에 급서함으로써 조국 광복기에 훌륭한 한 사람의 인

---

[1] 1940년대 초에 중국에서 활동한 임시의정원의 경상도 의원들은 김원봉, 김상덕, 이정호, 한지성 등 민족혁명당 등 좌파 계열들이 장악하고 있었다. 이들과 이상정은 잠시 서로 연계 활동한 바도 있다.

재를 잃게 되었다.

　이상정은 바로 시인 이상화의 맏형으로 상정, 상화, 상백, 상오 네 형제 가운데 맏아들이었다. 지금까지 이상정에 대해서는 독립운동가로만 알려졌지만 그의 예술 활동에 대한 내용은 별로 알려지지 않았다. 한마디로 말하면 그는 현대미술의 출발지인 이곳 대구에서 최초의 서양화가로서 계성학교에 잠시 도화(미술)선생으로 지냈으며, 한편으로는 서각가로서 품격 높은 작품을 남겼다. 일찍 그는 1922년 『개벽』 창간 2주 기념호에 시조작품 2편을 게재한 바가 있다. 특히 그동안 알려지지 않은 『표박기』에 실린 시조 작품 14편이 새로 발굴되었다.

　특히 이상정 장군이 중국에서 보고 들은 내용을 유려한 필체로 쓴 육필 원고를, 일제 관원의 눈을 피해 중국에 잠시 들어온 동생

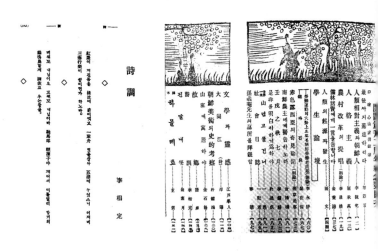

『개벽』 창간 2주년 기념호(1922) 시조 발표

이상화 시인의 인편으로 국내로 반입하여 국내 잡지에 게재코자 하다가 원고 일부를 일제 검열관에게 압수되어 그 행방을 찾을 수 없게 되었다.

1937년 중국 난징에서 이상화와 이상정

현재 이상정의 남아 있는 원본 육필 원고『표박기』가운데「남으로」와「장가구에서」의 일부가 없어졌다. 총 200자 원고지 62~63매 분량인데 이 부분에 해당하는 원고는 1931년 10월호와 11월호『혜성』에 연재하려다가 싣지 못하고 검열과정에서 사라진 것으로 보이며, 어떤 경로로 중국에서 송고되었는지도 불확실하다. 추정컨대 이상화의 인편으로 국내에 반입하여 잡지사에 제출하였다가 일제의 원고 검열 과정에서 압수된 것으로 보인다. 원본이 없는 이 부분에 대한 보유는 1931년 10월호『혜성』에 실린「남북만일만리답사기南北滿一万里踏査記」의 내용이 본래의 육필 원고의 원문인「남으로」이고, 동년 11월호『혜성』에 실린「동양의 신비국 몽고탐험기」가 원문의「장가구에서」에 해당되는 것으로 추정된다.

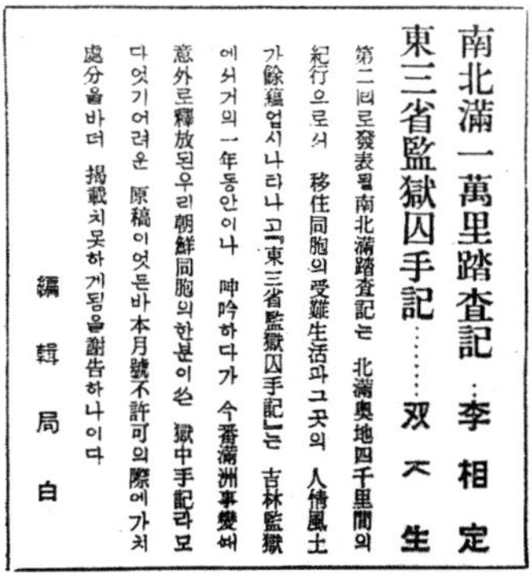

南北滿一萬里踏査記 …李相定
東三省監獄囚手記……双ㅈ生
第二回로發表될南北滿踏査記는 北滿奥地四千里間의
紀行으로서 移住同胞의受難生活과그곳의 人情風土
가餘蘊업시나타나고「東三省監獄囚手記」는 吉林監獄
에서거의一年동안이나 呻吟하다가 今番滿洲事變째
意外로釋放된우리朝鮮同胞의한분이쓴 獄中手記라모
다엇기어려운 原稿이엇든바本月號不許可의際에가처
處分을바더 揭載치못하게됨을謝告하나이다
編輯局 白

1931년 11월『혜성』에 실린 사고, 검열 결과

중국 의상을 입은 이상정의 모습

그의 사후인 1950년 그를 추모했던 허억(대구시 내무국장), 서동진(경북후생회회장), 윤용기(남전지점장), 이명석(경북여중고 교장), 김종고(전 부윤) 등이 주선하여 이상정 장군이 직접 가지고 온 나머지 원고를 정리하여 『중국유기中國遊記』2)라는 유고집을 상재하였다. 그러나 이 『중국유기』는 육필 유고와 달리 내용의 첨삭된 부분이 많고 심지어는 내용이 변형되거나 누락된 부분이 많다. 이것은 아마 당시의 정서법에 맞추어 발간하려는 의도와 또 원래 제목인 『표박기飄泊記』는 중국에서의 유랑생활의 모습을 기록한 글이라는 제목을 『중국유기』로 바꾸는 과정에서 이상정 장군의 사생활과 관계되는 글, 예를 들면 「백모의 별세!」와 같은 내용은 완전히 누락되었다. 그리고 200자 동경원고용지東京原稿用紙에 기록된 친필 육필 원고에는 1950년 당시 출판과정에 교정과 수정을 한 흔적이 그대로 남아 있다.

본고에서는 이상정의 육필 원고로 남아 있는 시조 작품 14수에 대해 보증을 꾀할 수 있는 완전한 전모와 그 내용의 특징을 소개

2) 이상정, 『중국유기(中國遊記)』, 청구출판사, 1950, 155쪽.

하고자 한다. 장시조 5편과 단시조 9편 도합 14편을 이번에 새로 발굴하여 소개한다.

이상정의 가계와 중국 망명

이상정은 경주이씨, 시조는 신라시대 알평공謁平公의 제74세손 이며 중시조 거명공居明公의 제40세손이며, 고려시대에 익재공益齊 公의 제19세손으로 파조로는 논복공論福公 제11세손, 무실공茂實公 제7세손이다. 그리고 이 집안을 실질적으로 일으킨 동진공東珍公 의 손자요, 그를 훈도하고 재정적 지원을 하여 길러 준 백부 소남 이일우의 맏조카이다.

이상정은 대구의 명문 경주이장가慶州李庄家[3]에 아버지 이시우 李時雨(1877~1908)와 어머니 김화수金華秀(1876~1947) 사이 맏아들로 대구광역시 중구 서문로 2가 11번지(현재 계산 2가 90번지)에서 출생 하였다. 형제로는 맏아들 상정相定(1897~1947), 둘째 상화相和(1901~ 1943), 셋째 상백相佰(1903~1966), 넷째 상오相旿(1905~1968)가 있다. 아버지 이시우 공이 일찍 세상을 떠나자 큰집 백부인 소남 이일우

---

3) 이상정의 조부인 동진공 이후 이 집안을 "경주이장가(慶州李庄家)"라고 한다. 이 명 칭은 금남(錦南) 이동진(李東珍, 1836.4.6.~1905.3.5) 공이 「이장서(李庄書)」에 밭 260두락과 논 994두락 가운데 밭 80두락과 논 150두락을 친지들에게 고루 나누어 주고, 논 400두락은 종족에게 농사를 짓도록 하여 의식주 걱정이 없도록 하면서 '李庄'은 '義庄(지혜로운 재산 형성과 그 회향함)'의 뜻을 생각하였으나 범공(范公/ 범중엄(范仲淹)을 말한다)의 의미가 없으므로 '義'를 대신하여 '李'라 하고 '庄, 농막 장'은 스스로를 낮춘다는 의미로 경주 '이장가(李庄家)'라 하여, 후손들이 조금도 태 만하지 않고 근검절약하여 함께 도우며 살기를 바라는 동진 공의 깊은 뜻을 담고 있다.

중국 난징에서 권기옥과 함께

의 훈도와 육영으로 상정을 비롯한 용龍·봉鳳·인麟·학鶴 사형제는 훌륭한 인재로 자라났다. 독립운동가 상정, 민족독립 시인 상화, 우리나라 최초의 IOC 위원이자 사회학자인 상백, 수렵가 상오 이 네 남매는 대구의 명문가 자제들에서 더 나아가 대한민국의 자랑스러운 인재들이라고도 할 수 있다.

이상정은 1897년 6월 10일에 태어나[4] 1947년 9월 14일 하세하였다. 호를 청남晴南 또는 산은汕隱 혹은 청금산방주인聽琴山房主人이라고 하였고 중국과 임정에서의 독립활동 시기에는 이직문李直文, 이연호李然皓라는 가명을 사용하였다. 이상정의 부인으로는 청주한씨 정원의 딸 문이文伊(1897~1966)이고 중국 망명시절 혼례를 올린 부인으로는 우리나라 최초 여자 비행사인 권기옥權基玉(1901~1988)이다.

일찍 백부인 소남 이일우가 설립한 「우현서루友弦書樓」[5]라는 계

---

4) 이상정의 생년에 대해 1894, 1896, 1897, 1898년 등 차이를 보이고 있다. 일제 때 편재된 호적에는 명치 31(1898)년 6월로 기재되었다가 해방 후 단기 4231년으로 바뀌었다. 『중국유기』 「장군의 약력」란에는 단기 4229(1896)년 6월 10일로 기재되었다. 『경주이씨논복공파보』에는 음력 1897년 6월 10일로 되어있다.

5) 1904년 소남 이일우 선생은 우현서루(友弦書樓) 의숙을 설립하였다. 동서고금의 서

몽학교에 설치한 강학원에서 사숙하면서 신구학문을 수학하였다. 이 육필 원고에서도 알 수 있듯이 이상정은 시서화詩書畵에 두루 능통하였고 중국의 이름난 시문과 역사를 줄줄 다 암기하고 있을 정도로 박학했는데 이것은 청소년기에 우현서루에서의 학습과 1905년에「강학원」으로 개편된 이곳에서의 받은 교육의 결과라고 할 수 있다. 그 후 신학문에 대한 꿈을 펼치기 위해 상정은 도일하기로 결심하고 1912년경에 일본으로 건너갔다. 그의 일본 유학에 대한 정확한 연도에 대해서는 정확하지는 않다. 당시 일제의 인명부6)와『중국유기』「장군의 약력」에는 단기 4252년(서기 1919)에 일본 유학을 마친 것으로 되어 있으나 앞으로 더 깊은 고증이 필요하다.7) 특히 이상정 장군이 중국 망명을 가기 전인 1921년 3월 28일 평양 광성고보에서 교편을 잡고 있을 때 큰집 큰아버지인

적 수천 종을 비치하고 팔도 준재들을 숙식시키며 양성하였다. 당시 열국지사들이 모여 나라를 지키는 일에 힘을 모으는 구심점의 역할을 하였다. '우현(友弦)'은 "'万古志士 顯彦'를 벗으로 삼는다는 뜻"이 담겨 있다. "대구 서문 외에 있는 유지 신사 이이우 씨는 일반 동포를 개도할 목적으로 자본금을 자당하여 해지에 우현서루라 하는 집을 건축하고, 내외국에 각종 신학문 서적과 도화를 수만여 종이나 구입하여 적치하고, 신구학문에 고명한 신사를 강사로 청빙하고, 경상 일도 내에 있는 중등학교 이상에 되는 총준 자제를 모집하여 그 서루에 거접케 하고 매일 고명한 학술로 강연 토론하며 각종 서적을 수의 열람케 하여 문명의 지식을 유도하여 완고의 풍기를 개발시키게 한다는데, 그 서생들의 숙식 경비까지 자당한다 하니 국내에 제일 완고한 영남풍습을 종차로 개량 진보케 할 희망이 이 씨의 열심으로 말미암아 기초가 되리라고 칭송이 현전한다니 모두 이 씨같이 공익에 열심하면 문명사회가 불일 성립될 줄로 아노라."(『해조신문』1908.4.22.)라고 소개하고 있다. 이 우현서루를 거쳐 간 인물로는 장지필, 윤세복, 안확 등이 있다.

6) 일제에서 작성한 반일 용의자 인명부에는 "명치 42년(1909) 동경성성학교 3개년 수학, 대정 원년(1921) 9월 동경국학원에 입학하여 동년 4년(1915) 8월 졸업 후 사립 대구계성학교, 평북 오산학교, 평양 광성고보 등에서 교편을 잡았다."라고 기록되어 있다.

7) 최기영,「이상정(1897~1947)의 재중독립운동」,『역사학보』제200집, 2015, 349~350쪽 참조.

소남 이일우에게 보낸 문안 편지 1통과 이상정이 일본에 유학을 했던 1912년 동경 세이죠 중학과정을 마치고 전문부로 입학하기 위해 학자금을 간곡히 요청한 내용의 편지 1통이 최근 발굴되었다. 이 자료는 이상정 장군의 평양 광성고보와 정주 오산학교에서 교원생활을 했던 시기를 입증해 줄 수 있으며, 일본 유학과정에서 세이죠 중학과정을 마치고 가쿠수인대학에서 전문부 과정을 수료했음을 입증할 매우 중요한 자료이기도 하다.

결정적인 근거로는 1924년 12월 17일 『시대일보』에 「수양단 발회식, 3백여명의 대성황」이라는 기사에 당시 경북 대구부 대구읍 서성정에 있는 대구노동공제회 주최로 청소년 수양단 발대식을 거행했으며 이 자리에 안달득, 이석철, 신철수, 윤영옥, 진평헌, 정운해, 이상훈, 이상정, 서상직, 최원택이 참석한 것으로 확인된다. 따라서 이상정의 중국 망명 시기는 1923년이 아니라 1925년이 옳은 것이다. 1923년 11월에 대구미술전람회 참석과 연이은 미술전문학원인 「벽동사」를 개설한 사실로 미루어보더라도 이상정이 중국 망명을 가지 않고 있음을 확인할 수가 있다.

1922년 11월 제2회 대구미술전람회에 출품한 유화 작품 제목에 중국을 배경으로 한 것이 여러 점인 것을 고려해 보면 1919년 이후부터 중국 만주 지역의 독립투쟁 단체들과 연계되어 들락거렸던 것으로 확인된다.

이상정이 그의 백부인 소남 이일우에게 보낸 친필 편지가 최근 발굴되었기 때문에 이 기간의 행적이 앞으로 더 소상하게 밝혀질 것으로 보인다. 다만 이상정은 1912년경부터 5~6년간 일본에 체류하면서 역사학, 미술, 상입, 군사학 등 현대적 신학문을 수학했던 것으로 보인다. 이 무렵인 1913년 5월 경북 청도 출신인 한문이와 혼인하여 숙희淑熙라는 딸을 낳았으나 그해 12월에 죽고 1916년 8월 선희善熙라는 둘째 딸이, 1918년 12월에 외아들인 중희重熙(1918~1990, 전영남이공대 교수)가 태어났다. 1926년 10월 6일 중국 망명 시절에 만난 권기옥權基玉(1901~1988) 여사와 내몽고 바오터우에서 류동열과 심영삼을 초청하여 단출하게 결혼식을 올렸다. 슬하에 자식은 없다.

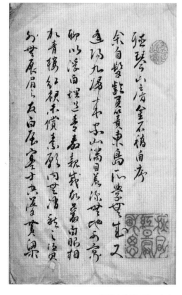

「청금산방금석고자서」

이상정은 서예 및 전각에 능한 서예가로, 대구 최초의 서양화가로서 1917년부터 1919년까지 대구계성학교에서 도화圖畵 곧 미술교사로서 근무하였고 다방면에서 근대 대구문화예술계의 여명기에 큰 영향을 끼친 선각자로 알려져 있다. 이상정이 스스로 제작한 전각서로서 『청람인보晴嵐印譜』8)와 『청금산방인화聽琴山房印花』9)

----

8) 『청람인보(淸嵐印譜)』는 이청남(李晴南) 곧 이상정이 편집하고 제작한 것으로 검인본(중국)이다. 책의 제작은 청금산방(聽琴山房) 곧 이상정이 직접, 광서(光緒) 1년 1875년에 제작하였다. 1책(110장), 219방의 인장이 찍혀 있다. 21.7×11.7cm 크기로 서문 「청금산방금석고자서(聽琴山房金石稿自序)」에는 을해(1875)년 이청남(李晴南)이 제작한 것으로 되어 있으며, 내제 서명은 『청금산방인화(聽琴山房印花)』로

두 가지 이본이 남아 있는데 1935년에 『청람인보』를 먼저 제작하였고 그 후 1936년에 자신의 서각 작품을 직접 찍어 『청금산방인화聽琴山房印花』를 제책한 유일본이다. 최근 중국에서 이본 1종이 더 있는 것으로 확인되었다.

되어 있다. 현재 국립중앙도서관 소장, 위창 정인보 소장 고도서, 등록 번호 3267번. 다른 본인 『청금산방인화(聽琴山房印花)』는 어떤 경위인지는 모르지만 대구에 있는 대구화랑에 소유하고 있다.

9) 『청금산방인화(聽琴山房印花)』는 이상정(李相定)이 편집하고 제작한 인보(印譜)인데 이 책은 유실되어 최근 대구화랑에 소유하고 있는 것으로 알려져 있다. 이 책은 1책(198장), 239방의 인장이 찍혀 있으며, 1936년 중추절에 금릉(金陵, 지금의 난징)에서 쓴 '자서(自序)', '대서(代書)', '청남우지(晴南又識)' 그리고 마지막에 이상화의 인장으로 '상화(相和)'와 '이상화(李相和)'가 찍혀 있다. 그 후 이상화가 만년필로 첨필하여 '어북경 형정각 만리장상사(於北京 兄定刻 万里長相思, 북경에서 형님 상정이 새긴 것이다. '만리 떨어진 곳에서 애타게 그리워하다.)'라고 써 놓았다. 이 인보는 1930년대 중반 이상정이 자신이 쓴 원고를 국내에서 출판하고자 했던 증언이 있는 것으로 보아, 1936년에서 1937년 사이에 중국에서 가져온 것으로 생각되며, 한 독립운동가의 예술혼과 한국 근대 전각사의 공간을 확대하는 자료로써 의미가 크다. 이상화가 1937년 중국에 있는 백형 상정을 만나러 갔다가 돌아오는 길에 백형의 원고를 일부 지참하여 온 것으로 파악된다.

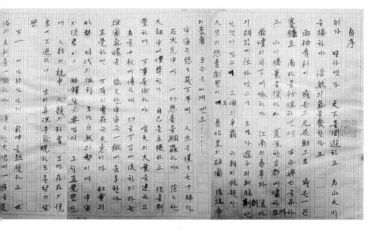

『표박기』의 자서

　중국 망명 전인 3·1운동 기간 동안 이상정의 행방은 정밀하게 추정되지 않는데 1919년 6월 그의 백부 소남 이일우가 일경에 「제령 7호」 위반 사건과 관련되어 신문 조사를 받으며 아래와 같은 진술을 하고 있다. 당시 대구에서 이여성과 함께 3·1독립운동을 독려하면서 한편으로는 이여성이 주도한 「혜성단」에 연류된 것으로 보이는데 이여성은 일경에 체포되었으나 이상정은 이미 피신하였기 때문에 그의 백부인 이일우를 추달한 것이다.

　죽은 동생 아들 이상정이란 자는 일본에서 부기 공부를 했다는데 그는 원래가 방탕무뢰하여 항상 내가 감독은 하고 있으나 지금부터 한 달쯤 전에 가출하여 현재 행방을 알 수 없는 상태인데, 혹은 그와 신문하는 것과 같은 말이 있었는지는 모르겠다. 그도 3~4만 원의 재산은 있다.[10]

이상정의
거주민증과
신분증

이일우의 진술에 근거하면 1919년 5월을 전후하여 가출하여 행
방을 알 수 없다는 점과 그 후 이상정은 평안도에서 교사생활을
하였고 1925년 전후하여 중국으로 망명한 사실로 미루어 보아 만
주 독립군과 혹은 대종교 윤세복 등 세력과의 연계가 이루어진 것

10) 국사편찬위원회, 『한민족독립운동사자료집』 7집, 국사편찬위원회, 1988, 44쪽.

『표박기』 표지　　　『표박기』의 일부 내용을 추려 만든 『중국유기』

으로 추정할 수 있다. 특히 백부 이일우 선생이 아끼던 만조카 이상정을 방탕무뢰하다고 진술했던 심정을 당시 상황을 유추해 보면 충분히 이해할 수 있다. 그는 자유인이었을 것이다. 미술 화가로서 1922년 11월 대구미술전람회에 이여성과 함께 서양화 18점을 출품하였으며 『벽동회』라는 서양화 미술 전문학원을 열어 대구지역에서 서양화를 처음으로 도입하였다. 또 서각가로서 그리고 1922년 『개벽』 7월호와 8월호에 시조를 발표한 시인으로서 그리고 조국광복을 염원하며 일제에 저항하여 몸부림치던 모습이 눈에 선하다.

이상정의 아우인 상화와 상백도 현진건과 백기만 등과 함께 『거화炬火』라는 문학 동인을 결성하여 저항 문인으로 활동한 경력도 있다.

그(빙허)는 1900년 8월 1일 생인데 1917년 그가 상해에서 돌아왔을 때 처음으로 알게 되었고 서로 뜻이 맞아서 곧 친밀해졌으며, 그와 상화와 상백과 나와(백기만) 네 사람이 작품집 『거화』를 시험해 본 것도 그해 일이다.[11]

이연호라는 가명을 사용한 신분증

이 시기에 소남 이일우가 일제의 강압으로 대구지역 자제단 67명의 명단에 이름을 올리게 되었는데 이러한 전후 사정을 고려해 보면 일제의 압박이 얼마나 컸는지 짐작할 수 있다. 그러나 실제 자제단원으로서의 활동한 사실의 기록은 거의 찾아 볼 수가 없으며, 총독부로부터 작위를 추천했으나 정중하게 거절하였다. 일부 사학자들이 이 사실만 근거로 하여 친일 논쟁을 제기하는 것은 부분만 보고 전체를 관망하지 못한 결과라 아니할 수 없다.

후세인 우리는 그들의 고뇌를 제대로 헤아리지 못한 채, 저항과 협력이라는 일종의 흑백논리로 과거를 심판하기 일쑤다. 그러나 인간의 삶을 그처럼 단순한 기준으로 쉽게 재단할 수 있는 것일까. 일제강점기의 역사를 제대로 평가하기에는 아직 우리의 인식수준이 지나치게 안이한 것은 아닐까, 하는 물음을 쉽게 지울 수 없다. 일제 때 이

---

11) 백기만, 「빙허의 생애」, 『문학계』 1집, 경북문학협회, 3쪽, 1958.

일우와 우현서루 출신인사들이 헤쳐나간 역사의 격랑에 관하여는 또 다른 논의의 장이 마련되어야 할 것이다.[12]

백승종(2016)의 평가는 매우 의미있는 평가라 아니할 수 없다. 소남 이일우는 『성남세고』에 「금릉[13]의 군사 소식을 듣고 조카 이상정을 그리워함聞金陵兵事憶姪相定」이라는 시에서 조카를 얼마나 사랑했는지 읽을 수 있으니 자기의 조카를 방탕무뢰하다는 진술은 일제에 대한 교란책의 언사로 보아야 할 것이다.

슬프게 금릉을 바라보니 생각이 어슴푸레해지는데,

어지러운 난리 속에 소식조차 드물구나.

십 년 동안 눈보라에 항상 질병이 많았으며,

만 리의 전란에서 아직도 돌아오지 못하네.

강가의 지는 매화에 고국을 그리워하며,

하늘 끝 밝은 달에 차가운 옷을 걸치네.

정원에서 우는 학이 너를 기다린 지 오래이니,

소맷자락 펄럭이며 돌아오기를 저버리지 말게나.

恨望金陵思入微	紛紛離亂信書稀
十年風雪常多病	万里兵塵獨未歸
江上殘梅懷故國	天涯明月倚寒衣

---

12) 백승종, 「'우현서루', 근대화 담론의 장(場)을 열다」, 소남 이일우 생애와 나라 사랑 정신 학술회의, 대구 소남 이일우기념사업회, 2016.

13) 금릉(金陵) : 중국 춘추전국시대에 있었던 초(楚)나라의 읍. 지금의 난징(南京)에 해당한다.

園中鳴鶴待君久　　　　　回袖翻翻須莫違

ー「성남세고」에서

이상정의 중국 망명 시기가 불투명하고 그 원인이 소상하게 밝혀지지 않았지만 이상정의 중국 망명에 결정적인 이유가 된 것은 이상정이 1925년 1월 12일에 결성된 용진단勇進團의 위원장으로 활동했는데 이 단체는 사회주의적 성향의 독립운동단체였다.[14] 이 시기에 그의 동생 이상화 역시 「파스큐라」를 결성하여 사회주의적 성향의 시를 발표하고 있었던 점으로 보아 두 형제가 매우 적극적인 반 일제의 노선에 서 있었던 것으로 보인다. 일경의 압박이 점차 거세지고 또 용진단원에 대한 수색과 조사가 강화되자 이상정은 보다 더 적극적인 광복 활동을 위해 1925년경 중국 망명의 길을 선택한 것이다.

1925년 4월 말경에 용진단의 사업부 위원이었던 서상욱徐相旭이 일경에 체포되어 서울로 압송되었는데 당시 용진단 위원장인 이상정과 이 사건이 긴밀하게 연루되었을 가능성이 매우 높기 때문에 중국 망명을 결심하는 결정적인 원인이 되었을 것이다. 『시대일보』1925년 1월 8일자 「용진단 창립식」 기사를 보면 대구지역의 개조소년단과 함께 독립운동을 위한 단체로 이상정이 주도하여 안달득, 정운해, 최원택, 김영기, 신재모가 주도하여 만든 단체이다. 그런데 그 해 4월 경에 당시 서상욱이 대구 종로에서 항일의 붉은 깃발을 흔들며 만세를 불렀던, 소위 적기사건에 연루된

---

14) 『시대일보』, 「용진단창립식」, 1925.1.8 기사 참조. 동 신문의 「용진단 위원회」, 1925.1.12 기사 참조.

사건이 겹쳐지면서 중국 망명길에 올랐던 것으로 보이나 좀 더 구체적인 요인들이 내재했을 가능성이 매우 높다. 이상정은 그해 5월 중국 망명을 떠나고 5월 4일 신범석, 신철학 장준명 등은 소위 적기사건이라는 이름으로 민족해방운동을 한 죄목으로 구형을 내렸으나 몇 차례 언도를 연기하였다.

중국으로 망명을 떠난 심정을 담은 『표박기』 서시인 「남대문역에서」라는 시조 작품을 살펴보자.

> 이 속에 타는 불은 저 님은 모르시고
> 서운히 가는 뒷모습 애석히 눈에 박혀
> 이따금 샘솟는 눈물 걷잡을 줄 없애라.

> ― 「남대문역에서」

부모님과 백부님 그리고 가족과 조국 생각에 뜨거운 눈물로 베갯머리를 적시며, 타들어 가는 심정을 절절하게 표현하고 있다. 필사본 육필 원고 가운데 이상정 장군의 간단한 약력이 실려 있다. 이 약력은 정확하게 이상정 장군의 친필인지 아니면 그의 아우 이상화의 필체인지 아니면 『중국유기』를 편집하면서 편집자 김봉기 씨가 끼워 넣은 것인

1927년 쑨촨팡 군벌의 항공기를 인수하기 위해 항저우에서

지 불확실하다. 또한 그 연보 연대기가 다른 사료와 조금씩 차이가 난다는 측면에서 이 장군의 친필이 아닌 것으로 추정된다. 다만 이를 정리하면 다음과 같다.

- 1896년 6월 10일 대구에서 출생.
- 1919년 일본 국학원대학 졸업.
- 1919~1921년 대구계성학교와 대구신명여학교 교원.
- 1921년 대구에서 서양화 개인전람회 개최.
- 1921~1923년 서울 경신학교, 평북 정주 오산학교 교원.
- 1923년 해외로 망명.
- 1923~1926년 동만주 북만주에서 육영사업과 독립운동에 종사.
- 1926~1927년 펑위샹(馮玉祥)의 국민혁명군 참모부 막료.
- 1932~1933년 난창(南昌) 항공협진회위원.
- 1936~1942년 충칭(重慶) 육군참모학교 소장 교관.
- 1938~1942년 화중군(華中軍) 사령부 고급막료.
- 1942~1945년 구이저우성(歸州省) 유격대 훈련학교 교수.
- 1945년 전후 일본진주군 사령부 중장 막료로 내정되었으나 국군 진주 중지로 하야.
- 1946~1947년 전후 재중 동포 문제에 힘을 쏟음.
- 1947년 9월에 귀국. 동년 10월 27일 소천.

다만 이 약력 자료는 이상정 장군의 약력을 조망하는 1차적 자료를 토대로 하여 필자가 만든 연보는 이 책의 끝에 있다.

다음으로는 『중국유기』의 내용을 정밀하게 검토한 결과를 토대로 이상정 장군의 중국에서의 활동 상황을 살펴보도록 하자. 그의 유고집 『중국유기』 「장군의 약력」에는 1923년 해외 망명으로 되어있지만 실재적으로는 서북지방과 서울에서 교사활동을 하였던 사실과 1925년 대구에서 용진단 위원장을 맡았다는 『시대일보』의 기록을 고려하면 1925년 5월경에 중국으로 망명했을 것으로 보인다. 이러한 사실을 입증할 수 있는 근거로는 『중국유기』 발문을 쓴 김봉기金鳳箕의 진술에서

> 이상정 장군은 간단히 말씀하면 이 기념각의 일원입니다. 27세에 망명하여 25년 동안 일제와 싸운 기록을 가진 분입니다.

라는 내용이 있다. 여기서 이상정이 27세가 되던 해는 바로 1925년이다. 이상정 장군의 유고 원고를 상정의 동생인 시인 이상화로부터 전달받아 보관하고 있다가 책으로 출판을 주선했던 김봉기의 기록은 신뢰할 만하다고 할 수 있다. 김봉기는 중국에서 함께 민족 독립을 위한 구국투쟁의 대열에서 함께 활동하였던 분이기도 하다.

백기만 역시 『중국유기』의 추도사에서

> 회고하면 25년 전 장군이 27세의 청년으로 일제 하에 전 민족이 신음하던 비참한 현실을 개탄하여 조국 해방의 대지를 품고 오산중학교 교편을 던지고 부모와 처자를 버리고 형제지 우애와 논하지 않고 표연히 해외로 망명하였습니다.

라고 기술함으로써 김봉기의 기술과 일치하고 있다. 또 이상정 장군의 중국에서 고행의 독립운동의 행적을 백기만은 아래와 같이 그의 추도사에서 밝히고 있다.

장군은 처음 동만주(東滿), 북만주(北滿)에서 독립운동에 헌신하였고, 한때 평위샹(馮玉祥)의 막료로 위명(威名)을 날렸으며, 그 후 상하이 (上海), 난징(南京) 등지에서 초인적 활동을 전개하던 중 중일전쟁이 일어나자 국민정부의 초청에 응하여 중경육군 참모학교(重慶陸軍 參謀學校)의 소교관이 되었고, 다음 구이주위성(貴州省) 서평현(息烽縣)에 있는 유격대 훈련학교의 교수로 있었으며, 한편 화중군(華中軍) 사령부의 일원으로 난징전(南京戰), 한커우전(漢口戰)에서는 일선에 출전하는 등 종횡무진한 활약을 하였습니다. 장군이 중국 국민정부의 초청에 응하였음은 오로지 항일전에 조력하기 위함이오, 항일전에 진력하였음은 또한 조국 해방을 기한 까닭이니 장군은 조국 해방의 일념을 조차, 전패에도 떠나지 아니하여 항상 조국 동지의 원조에 진심 전력하였나니 장군의 공로는 실로 청사에 빛날 바입니다.

이상정은 중국 망명 직전 평안도 오산학교 교원으로 잠시 활동하다가 1925년 5월경 중국으로 건너갔다. 망명의 행로를 그의 유고 자료를 토대로 하여 추적해 보면 "의주(통군정) → 회령 통원보 → 압록강 → 연산관 → 안동현(1박) → 춘행기차(요녕성(봉황성)) ⋯ 계관산역 ⋯ (요동평야) → 펑톈 도착(5월 상순)"이다. 정리하면 중국 망명의 행로는 의주에서 출발하여 1925년 5월 상순에 먼저 펑톈에 도착하였다.[15] 다시 중국 동북지역의 민주 하얼빈 부근에서 장쯔재張子才와 C(신영삼)군과 만난 뒤에 조선인 학교에서 교육을 하며 중국 내의 독립 세력들과 연계해 나갔을 것으로 보인다. 그러나 동북지역 조선학교의 열악한 환경에서 활동하던 모습을 「T현에서」 그의 일상의 내면을 읽을 수 있다.

T현은 하얼빈에서 쑹허강(松花江)의 하류 몇백여 리 되는 곳이니 내가 이곳으로 가게 되기는 학교 일을 맡아보게 된 까닭이다. 강 위에 윤선(輪船)에 척 오르니 마늘, 파, 땀 냄새 너무 지독해서 모두 이 세상의 지옥과 같았다. …(중략)… 배가 떠나게 되니 이 구석 저 구석에서 등불이 껌벅껌벅하고 꾸루루 꾸루루하는 소리가 나면서 아니꼬울 만한 별한 냄새가 난다. 그것이 아편 냄새이며 아편을 먹는 광경과 아편이란 물건을 처음 보았는데 두통이 날 정도였다. 중국의 아편! 관청에서 엄금한다 하면서도 관리의 관사로부터 아편이 있었고 소위 공무시간에는 흡연할 수 없으니까 아편환을 지어먹는 판이니 중국의 남북동서를 물론하고 장유, 노소의 절대 희망이 어떻게 하면 벼슬에 높이 올라 돈을 벌어서(升官發財) 좋은 아편과 좋은 기구를 앞에 두고 살아 볼까 하는 것이니, 부두(埠頭)에 배가 닿는 곳마다 소위 군경이 윤선에 올라 검사한다 하지만 선원이 관리에게 뇌물을 주고 밀매하는 특종을 얻었음으로 군경이 보고도 못 본 척한다. …(중략)… 다음날 아침(翌朝)에 T현에 내려서 Y학교를 찾아들어갔다. 대개 명승지라든지 어느 지방이라든지 나의 상상보다 못해지는 것은 금강산 외에는 모두 그러하였다. 이 학교도 나의 상상보다는 너무나

15) "때는 양력 오월 상순이지만 절벽 석간에 두견화 핀 것을 보니 절후가 늦드는 것을 알겠노라"(「펑톈(奉天)에서」, 『중국유기』)

뒤떨어졌다. 첫째, 건물과 운동장이며 기타 내부설비라든지 도서 참고서라든지 교과서까지! 선생 교원 제현의 고심도 결국은 경제력 문제로 한심할 뿐이다. 그리하여 교과서를 등사판으로 등사하는 데 나중에 들으니 이 학교가 이곳에서 일이등을 차지(數一數二)하는 학교라 한다. 한심하다기보다 통곡할 일이다. 환경이 특별히 다름에 따라서 첫째로 어학의 시간이 보통과정의 반을 차지한다. 조선말, 중국말, 일본말, 러시아(露語), 영어가 모두 필수과목이 되어 있는 복잡한 환경이다. 만주 전역(全滿)의 교과서 통일문제도 오랫동안의 현안이면서 여러 가지의 문제점(支節)과 경제문제로 해결이 되지 않을 뿐 아니라 지방 지방의 중국 관리(官吏)의 판단 여하에 따라 학교 존망의 문제도 생기며 지방관의 비위에 따라 생활까지 변동 유리되게 되는 점이 비일비재이니 통곡도 분노도 아무 소용없다. 파도에 밀리고 바위에 부닥치는 신세이니 자각 결심밖에는 아무것도 있을 수 없다. 그리고 학교의 방학시기도 나는 이렇게 생각하였다. 하기와 동기를 우리 조선과 반대로 동기를 한 달(一朔) 넘어 하고 하기를 2~3개월 하였으면 하였다. 북만주의 겨울은 조선의 함평사람이라도 경험해 보지 못한 사람에게는 말 못할 추위다. 수염에 고드름이 달리고 코끝이 얼 정도의 추위다. 조금 과장해서 말하면 소변이 금시에 고드름(氷柱)을 이루는 판이다. 교실 난로 같은 시설 또한 형편없는 터이다. 그런데 화목으로 석탄을 대신하는 이 지방에서 바람이 불게 되면 교실이 연실이 되고 만다. 남학생은 모르겠지만 여학생들은 정말 견디기 어려운 것이다. 뿐만 아니라 음식은 좁쌀(粟米)이 연중의 일상식이다. 어떠한 때는 기숙사에 두부 값 외상이 이백 원이 넘은 적도 있었다. 어느 분이 나를 보고 "이곳에서는 환장하여야 됩니다."

하더니 정말 환장을 하지 않을 수 없는 곳이다. 좁쌀밥을 나는 먹어
본 적이 없음으로 먹는 방법이 서툴러 잘못하면 좁쌀이 숨구멍(氣管)
으로 들어가서 재채기를 하여 같은 식탁에서 식사를 함께(同卓同食)
하는 여러분에게 실례한 일도 한두 번이 아니었다. 내가 본國 평안
北도 지방에서 학생들이 좁쌀밥을 먹는 것을 처음 보고 나는 눈물이
핑그레 돌아 울었다. …(중략)… 어느 날인지 어린 학생들을 데리고
낚시질을 하였는데 손바닥만큼한 붕어를 이삼십 마리 낚은 것이다.
부근에 사는 학부형들이 농사의 한기를 타서 고기를 잡아 학생들에
게 보내주는데, 한 자가 넘는 고기들을 소금으로 얼간을 쳐서 마차로
한 마차 실어 보내는 일까지 있으니 이곳이 담수어 흔한 곳임을 알
수 있는 일이다. 그러나 이곳에서는 임의로 수렵이나 고기잡이하기
도 어려우니 토비의 출몰이 빈번하여 잘못하다가는 잡혀갈 염려가
있는 까닭이다. 고기 잡으러 갈 때에도 한 사람은 고강에나 저수지
에 올라앉아서 총을 들고 망을 보아야 한다. 현에서는 성문만 나서
면 토비 촌에서는 가장 먼저 만나는 곳이 토비이니 고기잡이의 행락
조차 마음대로 못하는 형편이다. 그러므로 내가 갔던 농장도 사위의
장벽이 한 발이나 두렵고 장벽의 사각에는 포대를 설치하여 항상 불
의를 방비하고 있었다.[16]

이상정 장군은 다시 40여 일간 「북만주사천리北滿洲四千里」를
여행하고 1926년 허베이성 장가구에서 동향인인 류동열 부부와
신영삼이 운영하는 병원에 기숙하면서 평위샹의 서북군에 합류하

---

16) 이 내용은 육필원고 원문을 현대어로 옮긴 것임을 밝혀둔다.

여 류동열은 평위샹의 군의관으로 이상정은 평위샹의 막료로 활동하기 시작하였다. 이것이 인연이 되어 당시 평양 출신인 여류 조종사이며 독립투사였던 권기옥權基玉(1901~1988)을 만나 결혼을 하게 된다. 「S형에게」[17]라는 글을 살펴보자.

여지없이 패하여 다시 일어날 수 없게 됨(一敗塗地, 일패도지)에 여지없이 퇴각을 당한 국민군(國民軍)[18]과 동작을 같이 취하여 뜻 아닌 산, 마음 없는 물에 삼월 구식(九食)을 빌어가면서 정처(指定, 지정) 없이 떠나온 형색은 한심한 중에도 우습소이다. 창장(長江, 양즈 강), 따허(大河, 황하;黃河)에 일엽부평(一葉浮萍)처럼 우연히 강안 벼랑(岸涯, 안애)에 정박한 곳이 인정 풍속이 특히 다르고(殊異, 수이) 쓸쓸한 이 구이쑤이성(歸綏城)입니다. 그리하여 실 같은 운명에 생의 집착이 아직 남아 있어 그날그날을 두서없이 보내나이다.

풍운우설(風雲雨雪)이 운명이지 아님이 없음(莫非運命)이라. 초목이 어찌 천지를 원한하며 춘연추안(春燕秋雁, 봄 제비와 가을 기러기)

---

17) S형은 백부 소남(小南) 이일우(李日雨)의 맏아들이자 큰집 맏종형인 이상악(李相岳)을 말한다.

18) 국민혁명군은 북벌에 의해 중국을 통일하는 것을 목표로 한 군대로서 1925년에 중국 국민당에 의해 창설되었다. 당시 국민혁명군은 코민테른의 지원을 받고 삼민주의의 기치를 내걸고 지도가 이루어져 당, 정부, 군의 구별이 매우 모호했다. 때문에 국민혁명군을 간단히 국민당 군이라 칭하기도 했다. 국민혁명군 장교 대부분은 황푸(黃浦)군관학교 출신들로 이 학교 최초의 교장은 장제스(蔣介石)였는데 그는 국민혁명군의 최고지도자이기도 했다. 중일전쟁 당시에 중국공산당의 군대는 명목상 국민혁명군의 일부인 팔로군과 신사군(新四軍)으로 조직되었지만 이 체제는 국공합작의 붕괴로 무너지고 국공내전 시 많은 부대가 공산당 측에 돌아서서 문제가 되었다. 1949년에 국민혁명군은 인민해방군에 패하여 대만으로 후퇴하였는데 이후 중화민국 육군(대만 육군)으로 명칭을 바꾸어 오늘날까지 이어지고 있다. 당시 이상정이 따랐던 국민혁명군은 평위샹이었다. 이들 부대가 봉계군벌에서 퇴각하여 내몽골 쑤이위안(綏遠)으로 밀려나 있던 시기이다.

이 시기가 아님이 없음(莫非時期)이니 나그네 신세(羈客, 기객)가 어찌 절후에 한탄하고 슬퍼(恨然, 창연)하리오만은 이름 없는 장군(無名之將)이 패한 군대의 졸병(敗軍之卒)이 되어 두서 없는(惶惶然, 황황연) 상가의 개(喪家狗, 상가구)처럼 초췌한 형용과 노숙의 행장에 가을바람(金風, 금풍)은 세차게 불어오고(颯颯, 삽삽) 목동의 피리소리 달을 노래(嘯月, 소월)하니 아무리 나무처럼 강한 남아(木强男兒, 목강남아)인들 그렇고 그런 여자아이(然然兒女)의 자태를 면하기 어렵겠나이다.

실마리를 생각해 보면(憶緖, 억서) 과거로 역전하고 마음으로는 북만주로 날아가니 끝없이 양양(蕩洋, 탕양)한 쑹화강(松花江)에 달빛 가득 싣고 흐르는 물결(載月泛流)이 몇 번이며 고종(孤倧) 고비사막 북방의 땅(漠北, 막북)에 배회하던 신세 이능(李陵)[19]을 짝하였으니 호마의 소음(嘯吟)이 봉상만 도로(徒勞)하나이다. 삼가 가을 국화 핀 때 별고없으신지요(謹不審菊秋). 여체만리(旅体万里)하시온지 구구히 바라건데 여시어(區區願開)이오며 아우는 고향을 그리워하는 남지(南枝)의 생활이 여전(印昔, 인석)하오니 모두 멀리서 염려(遠念, 원념)하여 주신 덕택인 듯 믿사오며 아뢰올 말씀은 이곳에서 우연히 이성을 만나 철 늦은 연애 생활을 하오니 누가 사랑을 예찬하였는지? 지금은 번민(煩憫)을 더할 뿐이오이다. 지난 날(前日)이 아우의 일신은 굴레 벗은 말처럼 온천지(大空, 대공)에 나는 새처럼 자유롭

---

19) 북쪽에 있는 흉노족은 한 무제에게 큰 골칫거리이기 때문에 이릉(李陵)을 시켜 흉노족을 정벌하도록 하였지만, 오히려 이능은 패해 항복하고 말았다. 무제의 분노는 하늘을 찌를 듯했고, 다들 이능을 역적으로 몰아붙였다. 그러나 이능의 친구였던 사마천만은 그를 두둔하였다. 그러던 어느 날 간신 두주(杜周)가 사마천(司馬遷)이 한을 품고 있다고 무고하자, 무제는 사마천에게 부형(腐刑)의 형벌을 내렸다.

게 다니다가 지금 다시 인간에 얽매이게 되니 사랑이 생기(生起)기 전이 꿈이었는지 사랑이 생긴 뒤의 지금이 꿈인지 알지 못할 것은 인간이며 해석 못할 것은 세상이오이다.

그러나 애련히 들리던 호가도 한스러이 보이던 달도 요사이는 유취유정(有趣有情)으로 변하오니 이것이 즈음의 위안이며 소위 사랑의 결정인가 하나이다.

그는 P지방[20]의 태생으로 K라는 이름을 [21] 가졌으며 5~6년 동안 남북 중국(支那, 지나)에 방황하던 26세의 저물어가는 청춘이외다.

K와 미래를 다 잊어버리고 휩싸인 그 찰나만으로도 신명께 감사를 드리오며 아우가 공동생활(결혼생활)의 개시식을 좌기하와 일소(一笑)에 공하나이다.

장소 : 쑤이위안성(綏遠城) 내의 한빈(寒貧)한 만주인의 3간집

일시 : 1926년 10월 6일

내빈 : L형님 내외[22]와 C아우.[23]

연회비용 : 쇠고기 2근(20전), 포도 2근(20전), 고량주 반근(5전), 백미 2근(45전), 차 2이냥(10전) 합계 10원이오며 L아주머니[24]의 부조로 사오신 품목은 감자(馬鈴薯) 1근(10전), 대추 30개(10전), 당면 5냥(20전), 과자 2근(50전), 수박 1개(10전) 합계 1원이외다.

1926년 10월 9일 쑤이위안(綏遠)에서

---

20) 평안도.
21) 우리나라 최초의 여자 비행기 조종사 권기옥 여사.
22) 재중 독립운동가 류동열 내외분.
23) 재중독립운동가 신영삼.
24) 류동열의 부인.

이 글의 주인공은 상정 장군을 든든하게 후원해 주던 큰집 형님인 상악相岳과 형수이기도 하지만 실제로는 3·1운동에 참여하여 실형을 살았던 항일 투사요 우리나라 최초의 여류 비행사였던 사랑의 여주인공 권기옥 여사이기도 하다.[25] 그 후 쑤이위안綏遠에서 홍사단 예비 단우로 가입하면서 도산 안창호 선생을 만났으며 1927년 3월 상하이에 진입하여 설치한 국민혁명군 동로항공사령부에 류패천劉沛泉이 사령관으로 임명되었다. 그는 권기옥이 윈난육군항공학교 재학 시절 학교장이었던 인연으로 권기옥은 다시 비행대원으로 임명되었다.[26]

다시 권기옥이 난징 판처사로 임명되자 이상정은 난징항공사령부 특별문관으로 임명되어 두 사람은 함께 난징 친후아이강秦淮河 인근 과수원 안에 작은 양옥을 짓고 살았다. 이상정의 유고는 이 기간 틈틈이 고적을 답사하며 유려한 필체로 여행 답사기록을 남긴 것이다. 상하이, 항저우, 난징, 진장, 쑤저우, 쉬저우, 주장과 장쑤성江蘇省(양주), 저장성浙江省 등의 역사문화유적을 세심하게 관찰하고 또 관련되는 시문들을 섞어 기록하고 있다. 그의 역사적 지식과 문학적 지식을 총동원한 명문의 글이라고 할 수 있다. 때에 따라 조국의 백부와 백형 그리고 노모와 형제들, 종족들, 조

---

25) 정혜주, 『날개옷을 찾아서 – 한국 최초 여성비행사 권기옥』, 하늘자연, 2015. 권기옥(1901~1988)에 대해 연보와 활동 상황을 자세히 기록되어 있다. 이를 요약하면 권기옥은 중국 항저우로 망명하여 홍도여학교를 마치고 1925년 윈난(雲南) 항공학교를 졸업하자 평위샹 부대의 항공대에서 활동하였다. 몽골 동북군이 퇴각하여 쑤이위안(綏遠)에 이동한 지 2개월 후 평위샹 부대가 해산되었다. 권기옥은 다시 1926년 10월 무렵 유동렬의 소개로 이상정을 만나 가난한 만주인이 사는 집에서 혼례를 치르게 되었다. 그 이후 이상정과 함께 중국군에 관여하거나 임정에서 항일 활동에 투신하였다.

26) 권기옥, 「나는 한국최초의 여류비행사」, 『신동아』 1967년 8월호, 299쪽.

국의 산하를 그리는 대목의 글은 우리들의 눈시울을 젖게 만들기도 한다.

현재 남아 있는 육필원고의 내용은 주로 1925년부터 1930년경까지의 내용이 중심을 이루고 있다. 이상정 장군이 중국에서 본격적으로 독립활동을 전개한 시기인 1932년 이후의 기록이 남아있지 않아 아쉽다. 1932~1933년 사이에는 난창 항공협진회위원으로 1936~1942년 사이에는 충칭 육군참모학교 소장 교관으로, 1938~1942년에는 화중군 사령부 고급막료로, 1942~1945년에는 구이저우성 유격대 훈련학교 교수로, 그리고 1945년 전후 일본진주군 사령부 중장 막료로 내정되었다. 그러나 이 기간 동안의 기록은 유실되어 매우 안타까울 따름이다.

좌우 독립운동 세력이 충칭에 결집했던 1940년대에 이르러서는 이상정은 임시정부에 적극 참여하였다. 1940년 전반에는 공산당 계열의 민족혁명당에 권기옥과 함께 참여한 바도 있었다.[27] 이상정은 1942년 8월 임시정부 외무부 외교연구위원으로 선임되었으며,[28] 이어 10월 경상도 지역 의정원의원에 선출되었다.[29] 그는 이보다 일찍 1941년 육군참모학교에서 참모로, 1942년부터 1945년까지는 구이저우성 시펑현息烽縣에 있는 유격대훈련학교의 소장 교수로 임명되었다. 그러면서 임시정부 활동을 동시에 수행했던

---

27) 김정명 편, 『조선독립운동(朝鮮獨立運動)』 II(동경 原書房, 1967), 640~641쪽에 "이상정이 1940년 전반 민족혁명당 출신인 이건우와 함께 1939년 4월 중경에서 『청년호성』이라는 잡지를 발간하였는데, 그 잡지는 민족전선 통일문제에 대하여 김구와 김원봉의 단일당조직을 반대하고 연맹체 조직을 주장하는 것이라고 알려져 있기 때문이다."

28) 『대한민국임시정부자료집』 1, 261쪽(『대한민국임시정부공보』, 1942.8.20.).

29) 『대한민국임시정부자료집』 3, 27쪽.

것이다.[30]

의정원의원에 선출된 직후 1942년 10월 말에 개최된 제34회 의정원회의에서 이상정은 제2과위원회 위원으로 의정원법 개정위원, 제1과위원장 등으로 활약하였다. 1944년 6월에는 외무부 외교연구위원으로 재선임되었다.[31] 1945년 2월 이상정은 신한민주당의 창당에 참여하였다. 이상정과 중국에서부터 아주 밀접했던 홍진洪震, 류동열柳東說, 김명준金朋濬, 신영삼申榮三, 손두환, 김철남, 이상정 등이 중앙집행위원으로 활동하였다.

이상정은 1945년 5월 충칭에서 흥사단의 예비 단우로 입단하여 도산 안창호와도 연계가 되었다.[32] 당시 흥사단에 입단한 예비 단우는 이상정 이외에 신영삼申榮三, 이광제李光濟, 이웅李雄 등과 찬

소장계급을 달고 있는 이상정 장군 중국 국민군

성 단우로 추대된 홍진洪震, 류동열柳東說이다.[33] 1945년 8월 13일 신한민주당과 조선민주혁명당이 임시의정원에 참여하였으며 동년 이어 8월 23일에는 내각 총사직을 통한 '간수내각看守內閣'의 조직을 주장하는 제

---

30) 「장군의 약력」,『중국유기』참조.
31) 『대한민국임시정부자료집』1, 324(『대한민국역사정부공보』1944. 9. 10).
32) 「흥사단 이사부 회의록」(1945. 6. 27), 독립기념관 소장자료(1-H00892-000).
33) 「흥사단 이사부 회의록」(1945. 6. 27).

안에도 동참하였다.[34]

광복 이후 이상정은 정치적 지향을 권력 투쟁보다 대중을 우선하는 민족주의 좌파적 성향을 띤 노선을 선택했던 것으로 보이나 갑작스러운 죽음으로 그의 청운의 이상과 꿈은 역사의 뒤안길로 들어서게 된 것이다.

이상정의 육필 유고 『표박기』와 『중국유기』 간행

이상정의 육필 원고는 그의 「자서」에 경오(1930)년 음력 10월 백부인 이일우의 수연일에 중국 난징 객사에서 완성한 것으로 밝히고 있다. 『중국유기』「유고 상제에 즈음해서」라는 정하택鄭夏澤의 글에

> 장군은 호협호의하는 무인이면서도 평생 문필을 좋아하여 생명을 걸고 싸우는 일선에서도 틈만 있으면 망중한의 묵혼을 남기는 취미가 있어 25년간 해외 생활을 하는 동안에 집필한 원고를 합하면 호한한 대문집이 될 것입니다. 그중 초기에 집필한 원고는 장군의 아래 동생 이상화 씨가 1936년 중국으로 건너가 그 백씨를 만나고 돌아올 때 원고를 받아와서 그와 막역한 김봉기 씨에게 맡겨 두었던 것이다. 다행히 그대로 보관되어 있었습니다. 그 당시(1936년) 동 원고를 개벽사에서 출판하고자 하는 것을 일제 경찰의 장군에 대한 주의 환기

---

34) 『대한민국임시정부자료집』 5, 26~27쪽.

를 피하는 의미에서 사양하였던 것입니다. 장군의 서거 후에 동 원고를 곧바로 출판하려다가 장군이 그 후 부단히 집필했던 다량의 원고를 상하이에 두고 왔다는 이야기를 들었던 까닭에 전부를 합쳐 대문집을 발행할 생각으로 상하이에 남겨둔 유고를 가져올 궁리를 하다가 일이 뜻같이 아니 되고 시일만 천연되었습니다.

라고 하여 상정 장군의 육필 원고 가운데 김봉기가 맡아있던 원고를 다시 편집하여 『중국유기』라는 책으로 대구에 있는 청구출판사(대표 이형우, 대구 동성로 3가 12번지)에서 1950년 2월 15일 출판한 것임을 알 수 있다.

『중국유기』에 「유고 상제에 즈음해서」라는 정하택의 글을 보면 이상정 장군이 이연호李然皓이라는 가명을 사용하기도 하여 조국광복 운동의 정밀한 상황을 제대로 읽을 수도 없었으며 그 소식조차 돈절되고 심지어는 전사하였다는 소식까지 들려왔던 상황이었음을 알 수 있다.

이상정 장군도 수시로 성명을 바꾸어 활약하였음으로 화소상대하는 동지들 중에도 이연호(李然皓) 장군으로 알았고 상정(相定)이라는 본명을 아는 이가 적었다고 합니다. 그러므로 장군의 소식은 고향에까지도 칠년대한에 빗방울처럼 몇 해 만에 한두 번씩 본색을 아는 이의 조국 잠입하는 편으로 전해졌을 뿐입니다. 그나마 때로 오보도 있었으니 중일전쟁 중에 장군이 화중전선에서 전사한 것을 목격하였다고 전한 분이 있어 본댁에서도 반신반의하여 무한한 걱정을 하였던 바입니다.

광복 이후, 이상정 장군과 매우 친밀했던 류동열, 최동오의 입국으로 소식이 제대로 전해졌으며 손두환으로부터 광복 후 재중 동포를 위해 활동하는 근황까지 전해졌다. 그러다가 1947년 4월 7일 자당인 김해 김씨 화수華秀(1876~1947)가 돌아가셨다는 소식과 함께 그해 9월 환국하였던 것이다.

> 어머님 상을 치른 후 잠깐 상경하여 정계인사들과 환국인사를 겸하여 면담을 하고 (대구로) 돌아와서는 중앙 각 정당에서의 의원 출마 종용(慫慂)을 거절하고 정양(靜養)할 필요도 있어 전혀 두문불출하면서 국내 사정을 검토하던 중 불행히도 환국 1개월 만에 뇌일혈로 급서하였습니다. 장군과 같은 식견과 역량이 탁월하고 지공무사한 큰 인물을 잃은 것은 건국을 위하여 원통한 일입니다.

너무나 안타까운 일이 아닐 수 없다. 몇 년 전 아우인 상화가 그토록 그리던 민족 광복을 보지 못하고 영면하였고 연이어 해방 정국의 동량지재 가운데 한 분이었던 상정 장군도 세상을 떠나간 것이다. 25년간의 중국 망명 생활을 청산하고 귀국한 지 2개월 만인 10월 세상을 떠나게 된다.

이상정 장군의 영결식은 그가 잠시 교사로 활동하였던 계성학교 교정에서 이루어졌다. 그 후 이상정의 남아 있는 육필 원고를 『중국유기』라는 이름으로 간행하는 일은 정하택이 주도하고 장군의 환국환영위원회의 대표위원이던 당시 대구시 내무국장 허억許億, 경북후생회장 서동진徐東辰, 남전지점장 윤용기尹龍基, 경북여중교장 이명석李命錫, 부윤 김고金考 등 5분을 비롯하여 장군의 방명 이전부터 교분이 친밀하였고 환국한 후에도 여러 가지로 애써 주신 김사훈金思訓, 김찬기金讚箕, 박광, 서동진徐東辰, 김봉은金鳳銀, 이명석李命錫, 최용석崔容碩, 이우백李雨栢, 박명조朴命祚, 양만식梁晩植, 손경수孫京秀, 배부근裵富根, 양재소楊在韶, 백대윤白大潤, 신춘길申春吉, 이경희李慶熙, 마영馬英, 윤기갑尹甲基, 손인식孫仁植, 김준묵金準默, 서진수徐鎭洙, 백기호白基浩, 한익동韓縊東, 김부곤金富坤, 방연상方漢相, 윤남용尹南龍, 김용상金容尚, 윤융기尹隆基, 김종고金鐘耉 등이 발의하여 우선 이상정 장군이 귀국 당시에 가져와 김봉기 씨에게 전달되었던 육필 원고만이라도 출판하고 유고 전집은 후일을 기하기로 한 것이다.

이상정 장군의 육필 원고에 있던 원고 가운데 일부가 누락되어 있는데 『중국유기』에 「유고 상제에 즈음해서」라는 정하택의 글에서

> 이번 출판하는 유고 중에도 「남도록(南渡錄)」, 「양주십일기(揚州十日記)」, 「남조사원지(南朝寺院誌)」 등 순한문 원고와 기타 일부는 다음 전집에 편입할 생각으로 제외하였습니다.

라고 밝히고 있다. 그러나 그의 원래 육필 원고에 있던 「장가구에서」, 「북경에서」, 「백모의 별세」, 「장강」, 「금릉계옥기」, 「장대형의 죽음」, 「부친의 기일」, 「양주십일기」, 「남도록」, 「거짓 같은 참말」, 「장마」의 육필 원고도 누락되었다. 『중국유기』라는 책의 주제에서 벗어난 내용을 뺐는지 그 이유는 분명하지 않다. 다만 이러한 내용을 모두 담아낼 『표박기』를 오늘날 후인들이 쉽게 읽

을 수 있도록 펴내야 한다고 판단하고 필자는 현재 이 작업에 몰두하고 있다.

또 한 가지는 『중국유기』의 내용은 편집 과정에서 원본의 글씨나 띄어쓰기를 임의로 수정한 부분이 너무나 많다. 여기서는 일일이 열거하지 않겠지만 육필 원고를 통해 판독이 가능할 것이다. 앞으로 이 육필 원고에서 한문체, 한시 원문 등이 많아서 실제로 내용을 완전히 이해하려면 상당한 노력을 기울여야 한다. 그리고 인명이나 지명을 「맞춤법통일안」에 맞추어 새롭게 한글판으로 꾸며야 할 일이 남아 있다.

다음으로는 이 육필 원고의 원 제명은 『표박기飄泊記』인데 이상정 장군 유고 『중국유기』라는 제명으로 출판되었다는 점이다. 이에 대해 『중국유기』에 정하택의 글에서

이번 상재하는 유고는 표제가 『표박기』로 되어 있어 그것은 장군의 심경을 주로 한 제목이기에 좀 더 내용의 주제가 분명히 드러나는 제목으로 게재하고자 하였더니 김정열(金正烈) 씨의 『중국유기(中國遊記)』, 김상흔(金相沂) 씨의 『중국종횡기(中國縱橫記)』, 이흥로(李興魯) 씨의 『남선북마(南船北馬)』, 양동식(梁東植) 씨의 『대륙표박기(大陸飄泊記)』설 등이 모두 십분 만족한 표제인 중에도 장군의 막내아우 이상오(李相旿, 1905~1969) 씨의 뜻에 따라 『중국유기』로 결정한 것입니다. …(중략)… 그리고 표제 글씨는 금성방적회사장(金星紡績會社長) 김성곤(金成坤) 씨에게, 장정은 상하이에서 장군을 사사(事師)하던 노준영(盧俊永) 씨에게 요청한 것이며, 끝으로 유고를 상재함에 있어 여러 가지 편의를 보아주신 청구출판사 사장 이형우(李

亭雨) 씨와 장군의 미망인 한씨 부인과 장군의 서군 배기식(裵基式)
씨에게 지면을 통하여 사의를 표합니다.

육필 원고의 표제 『표박기』를 아우인 상오의 요청으로 『중국유
기』로 바꾼 경위를 설명하고 있다. 다만 『중국유기中國遊記』의 제
명은 당시 금성방적회사 사장이자 후에 쌍룡그룹 회장이었던 고
김성곤金成坤이 쓴 단아한 글씨이며 장정에는 만주 벌판에 있는
영고탑寧古塔을 그려준 노준영盧俊永의 작품으로 당시의 형편으로
는 제법 무게를 갖춘 책으로 만들기 위해 많은 분들이 정성을 쏟
은 결과물이라고 할 수 있다.

원고의 내용은 『중국유기』라는 표제가 충분히 설명하는 바이
며, 문체는 한문이 과다히 사용되어 있고 또 20년 전에 집필한 원
고들이나 장군의 창달한 필치의
소산이라 곱씹을수록 맛있는 고
기와 같이 재독삼강하여도 진진
한 흥미가 있고 더욱이 중국에
관심을 가진 분에게는 다방면으
로 유익할 훌륭한 서적이다. 전
편을 통하여 사상적인 면(이념적)
이 없고 탐승객의 유람기를 적는
태도로써 일관한 것을 보면 장군
이 일제하에서라도 출판할 의도
를 가지고 집필한 것으로 추측된

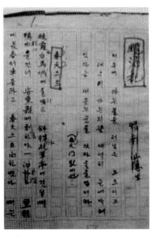

『표박기』의 일부

다. 권말에 백기만 씨의 조사와

유격대훈련학교 시대의 동료이던 중국인 서량徐良 중장의 추모문
을 부록으로 게재하였다.

『표박기』의 가치

먼저 이렇게 소중한 사료가 온전히 보관되어 온 것은 매우 깊
은 의미가 있다. 육필 원고의 제일 앞에 이상정 장군의 맏아들 중
희重熙(1918~1990)가 남겨 놓은 「해설」에 이 자료의 보관 경위와
향후 후손들에게 이 기록물을 잘 보존하라는 말이 남아 있다.

> 이 原稿는 先考가 從祖父(先考에게는 伯父 : 小南 李公 一雨)의 1930
> 年 小春 宴日에 數万里異國에서 參席치 못함을 恨하여 中國亡命으로
> 의 感慨를 이 生活手記에 담아 간직했다가 解放과 더불어 直接 持參
> 歸國하셨던 것이고, 그 앞 1937年에 先考가 投獄해 瀕死地境이라는
> 風聞을 듣고 相和 叔父께서(詩號는 尙火) 中國 北京을 찾아 兄弟 相
> 逢하고 歸國時 轉券 맡아 持參했는 2卷의 先考亡命 生活記는 叔父가
> 歸國 直時 兄弟 密會의 情報가 日警에 感知되어 大邱刑務所에 投獄
> 時 押留 당하고 말았다. 基後 解放과 더불어 警察 地下倉庫를 連 5日
> 間이나 搜索하였으나 그 原稿는 行方不明으로 發見치 못하여 처음
> 企劃했는 이 세 券을 찾아 모아서 "飄泊記"라는 題目으로 先考의 亡
> 命史를 간직하려 하였으나 이것은 水泡로 돌아가고, 급기는 先考의
> 歸國 3個年 만에 急逝로 이 1券만이라도 출간하자는 衆意에 따라 故
> 白基万 氏가 內容을 要約整理하고 靑丘出版社의 도움으로 "中國遊

記"라는 題目으로 1940(뭣기)[1950]年에 出版한 바 있다. 只今 내가 生活의 環境을 整理 中人 바 이 原稿를 後子들이 所重히 保管하여 子孫代代로 傳存해 주기 바란다. ~1978.7.3. 重熙

이상정과 청주 한씨 문이文(伊(1897~1966) 사이에 태어난 맏아들 중희 씨가 남겨 놓은 이 글을 참조하면 남아 있는 이 육필 원고가 쓰인 기간이 1925년부터 1930년경 사이이며 그 목적은 늘 일찍 돌아가신 친아버지 대신으로 키워주신 백부 소남 이일우의 화갑년에 참석하지 못한 안타까움으로 이 책을 쓴 것임을 밝히고 있다.[35] 그리고 이 육필 원고는 이상정 장군이 귀국 당시에 직접 지니고 온 것임을 밝히고 있다. 동생인 상화가 1937년 중국 베이징을 방문하여 상정 형으로부터 받아 온 일부 원고는 귀국 후 대구경찰서에 20여 일 구금 상태에서 원고(2권 분량)를 압류당하였는데 광복 후에도 그 원고를 찾지 못하였다고 한다. 그러니까 이상정이 귀국할 때 가지고

1932년에는 난창항공협진회(南昌航空協進會) 위원 배지를 단 이상정의 모습

---

35) 『중국유기』 서문에서 "1930(庚午)년 소춘(小春, 음력 10월) 큰아버님(伯父) 수연일(壽宴日, 4일)", "난징(金陵, 금릉)객사(寒舍, 한사)에서 仙隱,]晴南 생".

온 1권 분량의 원고(『표박기』)와 일제에 압류당하여 잃어버린 2권 분량의 육필 원고가 더 있었다는 말이다. 현재 남아있는 것은 『중국유기』 활자본으로 출판된 바가 있는 육필 원고뿐이다. 중희 씨의 해설 기록에 근거해 보면 이상정 장군이 가져온 1권과 상화가 가져온 2권 분량의 책을 전부 모아 출간하려고 했으나 2권 분량은 일경에 압류당하여 분실되어 1권 분량의 육필 원고만 남게 되었음을 알 수 있다. 그 후 상정 장군이 귀국 후 돌아가시자 이 원고를 시인 백기만이 정리하고 정하택이 발문을 써서 대구에서 1950년 2월 15일 청구출판사(대구시 동성로 3가 12번지)에서 활자본으로 출간한 책이 바로 『중국유기』(185쪽)이다. 끝으로 상정 장군의 맏아들인 중희 씨는 후손들에게 이 육필 원고를 대대손손 잘 보관하라는 말을 남기고 있다.

이 이상정 장군의 육필 원고 『표박기』는 나라를 잃어버린 참혹한 시기에 중국으로 망명하여 표류한 5년이라는 기간 동안에 쓴 생활 수기라고 할 수 있다. 그러한 측면에서 독립운동가의 육필 원고 내용에는 곳곳에 나라를 잃어버린 슬픔과 고향을 그리워하는 비애와 유한이 행간 행간 핏빛으로 묻어 있다. 이 육필 원고가 지닌 가치는,

첫째, 독립운동가 특히 중국 서북군벌에 소속된 고급 장성급이었던 이상정 장군의 행적과 또한 우리나라 최초의 여류비행사였던 권기옥의 독립 투쟁사를 밝히는 데 매우 소중한 사료라고 할 수 있다. 1926년 무렵 장가구 지역을 관할하던 펑위샹馮玉祥의 서북군은 봉계군벌에게 밀리자 내몽고의 쑤이위안綏遠으로 이동하였는데, 바로 이 시기에 국민혁명군의 북벌이 시작되고 있었다.[36]

이상정도 류동열 등과 함께 장가구에서 쑤이위안으로 이동하였고, 신영삼은 평위샹군의 군의관으로 취직하였다고 한다. 이것이 이상정이 중국 군벌과 인연을 맺게 된 인연이 되었을 것이다.

1927년 이상정은 권기옥과 내몽고 쑤이위안에서 베이징으로 옮겨 거주하였다. 1927년 3월 국민혁명군이 상해에 진입한 뒤, 동로항공사령부 류페이천劉沛泉이 사령에 임명되면서 윈난육군항공학교 재학 시절 학교장이었던 류페이천의 도움으로 권기옥은 동로항공사령부의 비행대 비행원으로 임명되었다. 이상정도 상하이로 권기옥을 따라 이주하였다가, 비행대가 항공서로 개편되어 권기옥이 난징변사처南京辦事處로 전임되었다. 이 무렵 이상정은 항공사령부의 특별문관 등으로 활동하였기 때문에 틈틈이 역사기행을 한 기록이 남아 있다.[37] 그 기간 동안 이상정은 동북지방과 내몽고, 그리고 북경 부근을 비롯하여 그가 여행한 곳에서 빠짐없이 고적답사를 하였고 그 기록이 「몽고에서」, 「색북의 가을」 등으로 남아 있다.

1928년 6월 이상정이 의혈단원과 접속하다가 일본 관원에 적발되어 강제 호송될 것이라는 「동아일보」 1928년 6월 1일 「女鳥人 權孃과 義烈團圓 護送」이라는 기사가 보인다.

긔보 중국 광동정부(廣東政府)의 참모부에 있다가 모스크바를 다녀

---

36) 1936년에 일본 관동군의 지원을 받은 내몽고의 덕왕(德王)이 내몽고 자치구 남쪽의 쑤이위안성에 침입한 사건. 관동군의 도움으로 친일 정권을 수립하려 하였으나 중국군에게 격파되었다.

37) 이상정, 「월수오산」 『중국유기』.

와 남경(南京)에 있던 여류 비행가 권기옥(權基玉) 양과 손두환(孫斗煥)과 의렬단(義烈團)원 주취턴(朱翠天), 리상정(李相定), 조념석(趙念錫) 등 다섯 명이 중국 남경에서 지난 삼월 십팔일에 공산당 합의로 중국 관헌의 손에 체포되어 일본 영사관을 거쳐 평양(平壤)으로 호송되어 불일간 평양에 도착되리라는데……

이 기사로 미루어 보면, 이상정과 권기옥은 독립운동 행동파인 의열단과 관련되었으며, 친공산주의적인 인물들과도 교류하고 있었다. 1929년 난징에 거주하던 이상정은 쉬저우 주둔 국민정부군 사단 훈련처 책임자로 배속되었다가 며칠 뒤에 사임하고 난징으로 돌아왔다. 이때 국민정부군이 일시 국민정부와 대립한 평위샹의 서북군을 비난하는 격문을 만들자, 크게 난감해 하고 있었음을 그의 글에서도 확인된다.[38] 아마도 이후 그는 1938년까지 중국군에 직접 관여하지 않았던 것으로 보인다.

이상정 장군의 군복 정장

이상정은 1930년 12월경에 베이핑대학北平大學에 청강생으로 중국어 공부를 하였으며 이상정은 중국 망명 후 광둥

---

38) 이상정, 「서주일기」『중국유기』, 120쪽.

정부에 항공대 통역을 맡기도 했다. 1932년에는 난창항공협진회南昌航空協進會 위원을 맡는 등 1930년대까지 중국에서의 활동 대부분이 권기옥과 무관하지 않았다. 이상정은 당시 『혜성』 잡지에 망명 직후 중국 동북지방과 몽고의 여행기를 발표했던 것은[39] 동생인 이상화가 『개벽』 잡지사와 밀접한 활동을 하고 있었기 때문에 이상정이 여행기를 발표할 수 있도록 배려하였을 것으로 보이며 이상화가 직접 가지고 온 원고를 잡지사로 투고한 것이다.

정혜주 작가가 쓴 권기옥의 연보에 따르면 1933년 7월 권기옥은 항저우항공국杭州航空局으로 발령이 나 그곳에 부임하자 이상정과 함께 항저우를 자주 오갔던 것으로 보인다. 그 시기인 1933년 12월 항저우에 있던 대한민국임시정부에서는 이상정을 임시의정부의 경상도의원으로 보선하였지만 그는 의정원 회의에는 일절 참석하지 못했다. 그 때문에 1943년에도 의정원 의원에 추천되었다가 철회되었다.[40]

1937년 3월경 이상화가 이상정을 만나기 위하여 중국에 3개월 정도 다녀왔다.[41] 1930년대 중반부터 이상정은 본인이 집필한 원고를 중국 방문을 한 아우 이상화에게 맡겼으나, 이 일로 일제의 조사를 받게 되었고, 그 과정에서 압수된 원고가 분실되었다고 한

---

39) 『혜성』 1931년 10월호에 「남북만일만리답사기」가, 11월호에 「동양의 신비국 몽고 탐험기」가 게재되었다. 그런데 「남북만일만리답사기」의 원래 원고인 「남으로」, 「장가구에서」의 원고는 당시 일제의 검열에서 원고를 압수당했다는 개벽사의 편집실 사고가 1931년 『혜성』 11월호에 실려 있다.

40) 박창암(朴蒼巖), 『상백이상백평전』, 을유문화사, 1996, 287쪽; 앞의 글, 64~65쪽에는 임시정부에서 이상정의 사저를 청사로 징발하려 하자, 그가 불응하였다는 불확실한 전문이 기록되어 있다. 만약 이 일이 항주에서 있었다면 이상정은 항주에도 거처가 있었을 것이다.

41) 이상정의 아들 중희의 『표박기』 이상정 육필 원고 「해설」에 증언에 의함.

다.[42] 1937년 7월 7일 이른바 노구교사건으로 중일전쟁이 발발하였다. 이 시기부터 이상정은 민족전선 통일운동의 선두에 섰던 것으로 보인다. 동년 7월 말 우파세력의 한국광복운동단체 연합회 결성과 동년 11월 이에 대항하는 조선민족혁명당, 조선민족해방운동자동맹, 조선혁명자연맹 등 좌파세력은 조선민족전선연맹을 결성하였다. 이 조선민족전선연맹의 결성을 위한 난징 회동에 이상정과 동향이었던 손두환과 당시 이상정의 가명인 이연호가 참석하여 선언문을 발표하고 통일문제관련 간담회를 개최하였던 것이다.[43] 이처럼 이상정은 조선민족전선연맹의 출발이 되는 움직임을 주도한 것이었다.

이상정과 권기옥은 1938년 충칭으로 옮겨 이상정은 육군참모학교의 소장교관으로 취임하였고, 아울러 화중군사령부의 막료로도 활동하였다.[44] 1945년 일본이 패망한 직후 중국군이 일본에 진주할 계획을 가지고 이상정을 진주군사령부 중장막료로도 내정하였다고 한다. 이상정이 중국군에 참여한 이유는 바로 일본의 패망으로 중국이 전쟁승리를 하는 것이 중국혁명이 성공하는 것이니 중국혁명에 협력하는 일이 조국혁명에 성공하는 길이라는 점을 밝히고 있다.[45]

이 『표박기』 육필 원고는 1925년부터 1930년까지 5년간 이상

---

42) 김봉기, 「발문」『중국유기』, 152쪽에 따르면 이상화가 중국에서 가져온 원고를 김봉기가 보관하고 있다가, 1950년 유고집을 만들었다고 한다. 김봉기가 보관한 이외의 원고가 있었을 가능성을 배제할 수 없다.
43) 1937년 중일전쟁 발발 전후, 남경 동린촌 40호 이상정의 집에 윤기섭, 김홍일, 임득산 등이 출입하고 있었는데, 바로 이들은 민족혁명당 당원이었다.
44) 서량, 「이상정장군을 추모함」, 『중국유기』, 157쪽.
45) 서량, 「이상정장군을 추모함」, 『중국유기』, 158쪽.

정 장군의 중국 망명의 행적을 밝히는 데 결정적인 자료가 되며 이 내용과 연계하여 그 이후의 행적을 유추해 볼 수 있는 고급의 독립운동 관련 기록물이다.

둘째, 이상정 장군은 일본 유학에서 역사를 전공한 경력으로 해박한 중국의 역사적 지식이 곳곳에 묻어있다. 예를 들면 「북만 사천리」라는 글에서 동북 삼성의 역사를 소상하게 기술하고 있다. 우리나라 고대사의 흐름을 제대로 이해하기 위해서는 동북지역사에 대한 새로운 인식이 필요하다. 이 책을 통해 중국 동북 삼성뿐만 아니라 곳곳의 유적지를 답사하며 고적과 유물의 역사와 유래에 대한 글은 뛰어난 역사학자들의 글을 뛰어넘을 정도이다. 해박한 역사 지식과 풍경에 대한 느낌과 소회를 유감없이 발휘한 기행문이다. 특히 권기옥과 난징에서 신혼을 지내는 동안 그 주위에 대한 「남경에서」, 「명승고적순례」, 「남경과 태평천국」과 같은 기행문은 고적과 그에 얽힌 사화 등에 그가 얼마만큼 조예가 깊었는지 짐작케 한다. 또 「포의천자들의 전설」도 중국의 야사를 잘 소개

1929년 무렵 이상정 장군

한 글이었다.[46)]

셋째, 이상정 장군은 1922년 『개벽』 잡지 등에 여러 편의 시조를 발표한 문인이기도 하다. 특히 「월수오곡越水吳曲」이라는 글에서 후이지산을 멀리서 바라보면 동호東湖를 지나면서 쓴 글을 보자.

> 후이지산(會稽山)을 멀리 바라면서 동호(東湖)를 지날 제는 명월(明月)이 동천(東天)에 올라 일류일적(一流一滴)에 비취니 장약허(張若虛)의 「춘강화월야(春江花月夜)」 그대로이다. 강상월(江上月), 호상월(湖上月), 담인월(潭印月) 천월당월(川月堂月) 전후좌우에 모두 달이니 이 몸도 달나라에 들어선 듯하다. 교교명월(姣姣明月)이 별나게도 나의 배에 비취어서 폐부까지 명랑한 듯하였다.

한 편의 시를 읽는 듯, 시상의 전경이 눈에 어른어른하는 듯하다. 그뿐인가 중국의 한시를 곳곳에 줄줄 외는 듯이 그려내고 있다.

이상정은 대구가 낳은 최초 현대시조 작가

앞에서 이미 언급했지만 『개벽』지에 시조 작품 2수를 발표하였으며 『금성』지 동인활동을 한 현대시조 작가로서 전통적인 시조의 형태를 해체하는 실험을 시도했던 뛰어난 시조 작가였다. 1922

---

46) 『중국유기』에 수록된 글들의 대부분이 기행문과 답사기를 겸한 것이고, 그 내용은 단순한 답사가 아니라 역사상의 관련 자료들이 소개되고 있었다.

년 『개벽』 25호와 26호에 각각 시조 2편을 발표하였다.

그가 남긴 『표박기』에는 시조 14여 편이 실려 있다

『표박기』 서시인 「망향곡」에서는

아름다운 삼천리(三千里) 정든 내 고향
예로부터 내려온 조선의 터를
속절없이 바리고 떠나 왔노니
몽매(夢寐)에 도 잊으랴! 그리웁구나.
굽이굽이 험악한 고향길이라
돌아가지 못하는 내 속이로다.
백두 금강태백에 슬픔을 끼고
두만 압록 양 강 물결에 눈물 뿌리며
남부여대(男負女戴) 쫓겨온 백의동포를
북간도 눈보라야 울리지 마라.
굽이굽이 험악한 고향길이라.
돌아가지 못하는 내 속이로다.
시베리아(西伯利亞) 가을 달 만주 벌판에
몇 번이나 고향을 꿈에 갔더뇨
항주 쑤저우(杭蘇州)의 봄날과 긴 모래사장(長沙)의 비에
우리 님을 생각함이 몇 번이런가.

굽이굽이 험악한 고향길이라
돌아가지 못하는 내 속이로다.

상하이(上海) 거리 등불에 안개 둘리고

황푸강(黃浦江)에 밀물은 부닥쳐올 때

만리장천(万里長天) 떠나는 기적소리는

잠든 나를 깨워서 고향 가자네.

굽이굽이 험악한 고향길이라

돌아가지 못하는 내 속이로다.

일크스크 찬바람 살을 에이고

바이칼 호수에 달이 비칠 때

묵묵히 앉아 있는 나의 심사를

날아가는 기럭아 너는 알리라.

굽이굽이 험악한 고향길이라.

돌아가지 못하는 내 속이로다.

부모님의 생각과 나라 생각에

더운 눈물 여침(旅枕, 여행의 베갯머리)을 적실 뿐이네

와신상담 십 년을 헤매어도

아— 나의 타는 속을 뉘라 알리요.

굽이굽이 험악한 고향길이라.

돌아가지 못하는 내 속이로다.

　곳곳에 고향을 그리워하는 마음, 나라를 잃어버린 망명객의 애잔한 슬픔이 어려 있지 않는가? 이 『표박기』는 역사책이요 한편으로는 훌륭한 문학서라고 할 수 있을 듯도 하다. 이 글의 행간 행간 서려 있는 나라를 잃어버린 나그네의 서러움이 얼마나 사무친 슬픔인지 가슴이 북받쳐 오른다. 길지 않는 한평생 51세에 삶

가운데 반인 25년을 조국광복을 위해 중국 국민혁명군에 가담하여 일제와 투쟁하다 돌아가신 이상정 장군의 육필 원고 『표박기』는 어떤 수사로도 그 값을 대신할 수 없을 만큼 중요한 사료가 아닐 수 없다.

청람 이상정은 『개벽』 창간 2주년(1922년) 기념호에 시조 2편을 발표하였다.

紅塵에 저진 몸을 綠波에 맑이씻고 一葉舟 벗을 삼아 五湖에 누엇스니 어저버 三春行樂이 꿈이런가 하노라

미워도 내님이요 고워도 내님이라 馳馬郎 輕薄子야 제 어찌 이를 알리 밤거의 鷄鳴晨할 제 擁衾코 우는 줄을.

『개벽』 제25호, 1922.7.10.

客窓에 비친 달은 부지럽시 드락나락 綿綿한 春秋夢은 恨이업시 오락가락 이中에 못 보는 이는 님뿐인가 하노라.

浿江에 배를 띄워 淸流壁 올라갈 제 牡丹峯 浮碧樓가 中流에 影婆娑라. 아마도 關西勝地는 江上之平壤인저.

『개벽』 제26호, 1922.8.1.

이상정이 『개벽』 창간 2주년(1922년) 기념호에 실은 시조 2편은 전통적 시조의 기법을 따라 떠도는 인생의 무상함을 노래하고 있다. 두 번째 작품은 "馳馬長樂坂(치마장락판 장락궁) 언덕으로 말을

달리네"라는 시구와 같이 『후한서』에 나오는 경박자輕薄子라는 언어와 행동이 경솔하고 천박한 사람을 일컫는 말을 인용하였다. 사랑하는 이와 이별하는 아픔을 노래하고 있다.

『표박기』「남대문에서」

이 속에 타는 불을 저 님은 모르시고

서우이 가는 뒤꼴 애석히 눈에 박혀

잇다금 새솟는 눈물 걷잡을 줄 없어라(南大門驛에서)

『표박기』의 맨 머리에 실린 작품이다. '남대문역에서'라는 꼬리가 달려 있는 것으로 보아 만주로 향하기 직전의 작자의 마음이 고스란히 녹아 있는 작품이다.

『표박기』「哈爾賓에서」

二十餘年 따뜻이 네 품에 커서

世上風情 모르든 나의 몸동이

萬里風에 날려서 떠나고 보니

가는 나의 心腸이 엇더하겟나

滄波万頃 層層이 압흘 가리워

다시 보지 못하는 내 속이로다

白頭金剛太白에 실품을 끼고

豆綠兩江물결에 눈물 뿌리며

예로부터 주시든 祖先의 집을

부질업시 바리고 떠나가노라

滄波万頃 層層이 앒흘 가리워

다시 보지 못하는 내 속이로다

서백리아 가을 달 만주 벌판에

몃 번이나 고향을 꿈에 갓느뇨

杭蘇州의 봄날과 長沙의비여

우리 님을 生覺함이 몃 번이런가

滄波万頃 層層이 아픞 가리워

다시 보지 못하는 내 속이로다

上海거리 燈불에 안개 둘리고

黃浦江에 밀물은 부다쳐올 때

萬里長天 떠나는 汽船 소리는

잠든 나를 깨워서 故鄕 가자네

滄波万頃 層層이 아픞 가리워

다시 보지 못하는 내 속이로다

일크스크 눈바람 皮膚를 째고

바이칼湖水에 달이 비칠 졔

묵묵히 안져잇는 나의 心事를

나라가는 기럭아 너는 알리라

滄波万頃 層層이 아픞 가리워

다시 보지 못하는 내 속이로다

父母님의 生覺과 나라 生覺에

더운 눈물 旅枕을 적실 뿐이네

病든 몸이 異鄕에 十年 손 되니

아 – 나의 속타는 것 뉘라 알쩌나

滄波万頃 層層이 아플 가리워

다시 보지 못하는 내 속이로다

三更이 지나 半醉하야 中流에 떠서

달그림자를 허치면서 도라오다

『표박기』「하얼빈哈爾賓에서」라는 부제를 단 이 작품은 장시조로 초중종 3장이 아닌 4장에 후렴이 달린 현대시조 형식이다. 전통적인 가사에 맥을 이은 시조 작품으로 형식면에서도 매우 파격적이라고 할 수 있다. 나라를 잃고 떠돌아다니는 나그네의 심경, 디아스포라의 눈물과 고향과 조국의 안위를 걱정하는 모습이 마치 한 폭의 그림처럼 다가온다.

『표박기』「소군묘」

黃沙漠 너른 벌에 길이도 누워 잇셔

琵琶는 뉘를 쥬고 靑塚만 남겻난고

万里에 집 떠난 客이 눈물 겨워 하노라

落照는 短碣이요 靑塚은 雲裡로다

紅顔薄命의 恨과 靑春失意의 넉이

얼마나 月裡胡笳에 長歎息을 하였노라

逆境에 彷徨하는 자蛾의 行色인제

蒼茫한 野色이요 寂寞한 古今이라

내 눈에 눈물 잇스니 흘녀볼까 하노라

붉은 숨 片刻이요 가진 것 千古愁라

鄕關雲水에 새돗는 셔름 끗 간 곳을 몰라라

『표박기』「소군묘」의 기행문 속에 삽입되어 있는 이 작품 또한 현대시조의 양식이다. 3편의 역작시에 마지막에는 초중장만을 곁들인 작품이다.

『표박기』「월수오산」

會稽山 너를 보니 奇特고도 우스워라

닙도 눈도 업것만은 무슨 조화 가젓관대

至今에 나의 肝腸을 챤챤 잡고 안이노아

「월수오산」에 실린 작품이다. 회계산을 멀리서 바라보면서 지은 작품이다. 타국에서 망향살이를 하는 나그네가 멀찍이 바라보이는 회계산의 아름다움도 오히려 외로운 나그네의 간장을 꼭 잡고 놓아주지 않는다고 노래하고 있다.

『표박기』「항주에셔」

꼿치면 끈을 것살 果일이면 생킬 것살

내 造化 하엽업서 그도 져도 못 하움에

이 心事 끗업슨 서름 컷자울 줄 모로매라

"소주의 봄은 동통이 있는 듯하나 항주의 봄은 애린이 있는 듯하고 소주의 여름은 침울이 있는 듯하나 항주의 여름은 경쾌함이 있는 듯하고 소주의 가을은 폐허 같지만 항주의 가을은 뇌락이 있는 듯하고 소주의 겨울은 적막이 있는 듯하지만 항주의 겨울은 정서를 주는 듯하다"면서 소주와 항주의 사계를 관찰하면서 특히 항주의 겨울의 정서를 노래한 작품이다. 역시 정처 없는 나그네의 심사를 항주의 사계의 변화에 비유하여 노래한 작품이다.

『표박기』 「백모의 별세」

家門의 淸規와 祖宗의 遺訓을 더러인 자식이라

차라로! 寧遠히 바려두자 ……

님이 잇다면 千도万도 해가 잇다면 열도百도

차라로! …… 차라로! ……

셔름의 깃침이 눈물이더냐?

원한의 막다름이 함심이더냐? ……

차라로! …… 차라로! ……

북바치는 쇠몽치를 ……

맷친 肝엽 쓰린 것을 ……

차라로! 말업시! ……

우짓는 杜鵑아 밤새 오는 蟋蟀아!

시원하냐 그 속이 풀니 너야 그 맷침이

차라로! 두어라

그리하야 뼈와 살이 몬지로 변할 때까지!

이 가슴 이 어안을 안고 가리라! …….

이 작품은 큰집 백모, 곧 소남의 아내인 이씨 부인이 하세하자 멀리 중국에서 달려오지 못한 회한을 사무친 그리움을 자유시 형태로 쓴 작품이다.

1937년 이상정과 이상화 중국 베이징에서 실루엣 석양을 향한 모습

『표박기』「서주 일기」

龍顔에 重瞳이요 西楚에 霸王이라

威嚴은 霜雪이요 號令은 霹靂이라

一片의 教子節義는 막을 법 업섯고냐

아들을 살니려고 節義에 살니려고

목심을 바리가며 맛도록 가라치니

어즈버 어미의 사랑 어이면 갑흘난지

어미의 막사랑을 내내이 품엇스니

오난 비 부는 바람 녹일 줄 모로거든

虛無한 諸宮들애야 꿈앤들 것더보리

모난 지 둥구온 지 뷥지는 못하여도

時時로 思慕키는 그 사랑뿐이오니

春秋에 누우괴시여 万子息 敎訓합소

이 작품은 『초한별록』에 나오는 왕릉모부인의 무덤을 보고 자식을 의로 훈화시킨 왕릉모의 교훈을 노래하였다. 『초한별록』은 진시황이 불사약을 구하는 데서부터 항우가 오강에서 자살하는 데까지의 사실이 전부이다. 이 사이에 초한의 크고 작은 수많은 싸움 속에서 한고조 유방은 언제나 어질고 덕이 있는 군주로 사람들을 대했고, 초패왕 항우는 힘은 있으나 사나운 임금으로 사람을 대해서 덕이 있는 자는 반드시 일어나고, 사나운 자는 반드시 망한다는 교훈을 남기고 있다.

『표박기』 「구강에서」

○ 烏江에셔

　玉帳에 눈물 짓고 예 왓셔 自刎할 졔

　丈夫의 어안인들 눈물이 업셧스랴

　至今히 遠遠長江水 當年의 눈물인가

○ 偶吟

　白鷺는 虛舟에 셔고 갈먹이 汀洲에 돈다

　片帆에 殘照 실고 漁村을 도라드니

　철업슨 兒戲놈들은 俗客 온다 하더라

○ 님의게

　온 길은 어대매며 가는 곳에란 말고

　天心엔 一應이요 大江에 孤舟로다

물결이 이어 안갓치 쉬엄 업시 東으로

ㅇ 대형산변화씨득옥처 팔십리(蕪湖東八十里)

判然한 玉인 것을 남들은 돌이라내

四肢를 八裂한들 玉임애 엇지하랴

이졔야 玉石을 모다 아느니 없스니 그를 실허

이 작품들은 『표박기』 「구강에셔」에 실린 연작 네 편인데 구강
에서 여산을 돌아들며 쓴 작품이다. 작품마다 제목을 넣어 쓴 매
우 뛰어난 작품이다. 마지막 「대형산변화씨득옥처 팔십리(蕪湖東八
十里)」에서 종장이 "이졔야 玉石을 모다 아느니 없스니 그를 실허"
와 같이 음수율이 맞지 않아서 '하노라'가 생략되었다.

『표박기』「장마」

아ー 寂寞한 庭畔에 밤이 새도록

철업시 우짓는 몹실 杜鵑아

너의 恨이 얼마나 그리 만아서

못 울고 속 석이는 나의 心腸을 ……

마지막 작품인 「장마張媽」는 아버지는 몽골계이고 어머니는 만
주계인 부모 사이에 태어난 여성인데 이상정이 그의 아내인 권기
옥과 함께 반혁명 혐의로 난징 감옥소 미결수로 있을 때 아편 밀
매범으로 잡혀온 장마와 인연이 맺어졌다. 그 인연으로 이상정의
집에 행랑어멈 노릇을 하면서 3년 동안 함께 살았다. 그 장마라는
나이 많은 행랑어멈을 생각하면서 타관에 떠도는 자신의 신세를

생각하면서 쓴 작품이다.

상정 장군이 남긴 저서로『산은유고』가 있으며, 1950년 청구출판사에서 출판한 유고집『중국유기』가 있다. 1968년 대통령 표창, 1977년 건국훈장 독립장이 추서되었고 독립유공자로 지정되었다. 그러나 광복을 위한 많은 독립운동가 가운데 25년이라는 긴 세월을 중국 망명지에서 민족 독립운동을 위해 활동했던 이상정 장군에 대한 연구는 아직 불모지라 할 수 있다. 나라를 지극히 사랑했던 이상정 장군에 대한 더 깊이 있는 행적과 사상에 대한 연구가 이루어지기를 기대하며 글을 마무리한다.

4장

이상정의 서간

이상정이 백부 이일우에게 보낸 편지

【원문】

伯父主前

伏未審日來

祖母主 氣體候 一向萬寧

伯父主 外內分 氣體候 一向

萬康 否伏暮區區 無任下

誠之至 姪子 與縱仲兄客裡

眠食 姑保如前 伏幸何達

伏白 姪子之 學校卒業이 已達

旬餘로되 未得 一次 上書ᄒᆞ니 下懷伏

悶何極잇고 玆敢 下怒耳로소이다 今番 姪子

伯父主前　上書

伏未審日來

祖母主氣體候一向萬

寧

伯父主外內分氣體候一向

誠之至 與從仲兄客裡

眠食姑保如前伏幸何達

伏白 之學桉卒業이已達

旬餘未得一次 上書下懷伏

悶何樣 下恕年今番

之卒業은 不過中學程度以中

學引定而自此로 入學于[全]

專門科키로 伏定耳니다 日前東京

朝日報云 朝鮮에 金錢이 甚貴ᄒ야 白米

一石에 七圓餘라ᄒ미 伏覺朝鮮財政之

想態로소이다 餘不備上白

陽十二月十六日

姪子

相定上書

之卒業은 不過 中學程度니 以中

學引定而自此로 入學于(全)

專門科키로 伏定耳니다 日前東京

朝日報云 朝鮮에 金錢이 甚貴ᄒ야 白米

一石에 七圓餘라ᄒ민 伏覺朝鮮財政之

想態로소이다 餘不備 上白

陽 十二月 十六日

姪子

相定 上書

【해석】

백부님께[1]

삼가엎드려 안부를 올립니다.

---

1) 님(主)+전(前)」님에게. 예편지에서는 「前」, 「處」 등이 사용되었는데 「전」은 수신자
가 발신자보다 높은 지위에 있는 경우, 「처」는 비하거나 하급자에게 붙인다.

조모님2) 기체후氣體候 늘 여러 가지 안녕하시온지요.

백부님3) 내외분 기체후 일향만강一向萬康하시온지

꿇어엎드려 여쭈옵니다否伏暮區區 無任下誠之至

조카는 아울러 중형도4) 객지에서

편안히 주무시고 식사 잘하시는지 건강도 여전하신지 엎드려

안부 여쭈옵니다.

엎드려 사뢰올 조카의 말씀은 학교 졸업5)이 이미 다되어

보름정도 남았는데 시간이 여의치 않아 일차로 글월 올리오니

내려 살피소서.

엎드려 생각하건데 근심거리가 끝이 없고 이에 노여움을 풀어

주소서 이번 조카의 졸업은 불과 중학 정도이니 이 중학과정의

인정을 받아

전문과로 입학하기로 엎드려 정해졌음을 들었습니다. 일전에

동경

---

2) 조모는 소남 이일우의 어머니인데 상정의 조부는 금남공(錦南公) 이동진(李東珍, 1836.4.6.~1905.3.21.)이며 조모는 광주 이씨 이학래(李學來)의 따님인 이씨(1841. 10.12.~1917.1.29.)를 말한다. 여기서 조부의 안부가 생략된 것으로 보아 1905년 이후에 쓴 것이며 또 조모가 돌아가신 1917년 사이에 쓴 편지이다. 좀 더 구체적으로 이상정이 동경으로 유학을 가서 세이쇼쿠 중학을 졸업한 1913년 11월 16일 동경에서 쓴 편지임을 알 수가 있다.

3) 백부님은 소남 이일우이고 내외분으로 백모는 수원백씨 성희(聖熹)의 따님인 자화(自和, 1868.10.7.~1927.9.30.)를 가리킨다. 특히 이 편지의 수신자인 소남 이일우는 조카인 상정, 상화, 상백, 상오의 뒷바라지를 해 주었다.

4) 이상정에게 큰집 백형은 이상악이고 중형은 상무(1893.7.3.~1960.1.30.)이 있었다. 특히 이상악은 동진공에서 소남 양대에 걸쳐 이룩한 가산 경영을 맡아 대구지역의 중요한 재계의 인물이었다. 아버지에 이어 상악도 인심이 아주 후덕하여 작은집 사촌들을 위해 많은 지원을 한 것으로 알려져 있다. 여기서 중형인 이상무도 대구 안동 간의 버스회사를 운영했던 경영인이었다.

5) 「학교」는 전후 맥락에 따라 중등 과정인 세에쇼쿠중학교를 말한다.

조일신문에 말하기로 조선에 금전이 심히 귀하여 백미
일석에 칠원여라함에 엎드려 생각하니 조선의 재정의 어려움을
상상할 상태인 것 같습니다. 나머지 여러 가지 갖추지 못한 채
사뢰옵니다

양 십이월 십육일

조카

상정 상서

【해설】

백부는 이상정의 큰집 맏아버지인 소남 이일우를 말한다. 상정
은 아버지가 일찍 돌아가셨기 때문에 큰집의 백부나 맏종형인 이
상악으로부터 여러 가지 재정적인 지원을 받았는데 이 편지도 역
시 상정이 일본 세이쇼쿠 중학교를 졸업하고 전문부(상과 및 미술학
교) 진학에 필요한 학비를 조달하기 위해 매우 우회적으로 도움을
요청한 내용의 편지이다. 1939년 6월 와세다대학 재외특별연구원
자격으로 2년 6개월 동안 중국 체재. 그 기간 동안 소남에게 체재
경비 700원의 거금을 요청하자 이일우 선생은 흔쾌히 맏아들 상
악을 통해 송금하였다. 백부에게 보낸 편지글 가운데 은근히 백형
인 상악에게 유학 경비 지원을 요청하는 내용이 담겨져 있다. 이
처럼 상화나 그의 형제 모두 큰집의 백부나 백형의 재정적 지원이
적지 않았을 것으로 보인다.

이상정이 백부 이일우에게 보낸 편지

【원문】

(엽서 전면)

수신인 : 李一雨 氏 宅入納

　　大邱府 西城町 一丁目

발신인 : 姪子 相定 上書

　　平壤府 山町 私立 光城高普 校內

발신일자 : (大正) 11年 3月 28日

(엽서 후면)

伏未審暮春

氣體候一向萬安內諸節

均慶乎 伏慕區區無任下誠之

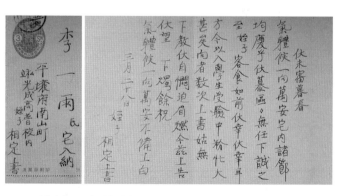

이상정이 1921년 평양 광성고보 도화 선생으로 근무하면서 큰집 백부에게 보낸 편지

至 姪子 客食如前伏幸伏幸耳

方今以入學生受驗中奔忙大

甚矣 向者數次上書姑無

下敎 伏自燜迫眉燃令玆上告

伏望 下燭餘祝

氣體候一向萬安不備上白

三月 二十八日

姪子 相定 上書

【해석】

삼가 엎드려 늦은 봄 문안 여쭙니다.

기체후 일향 만안하시오며 집안 가족 두루

별일 없으시온지요? 엎드려 구구하게 책임감 없이 성의를 다하지 못한

조카는 (어르신) 객식客食(일상생활) 여전하오신지 엎드려 다행다행 비옵니다.

조그전까지 입학생 수험 관리로 매우 분망하였습니다.

여러 차례 저의 무고함을 글월 올렸습니다.

지난번에 여러 차례 편지를 올렸는데도 짐짓 말씀을 내려주심이 없으시니 엎드려 애가 탑니다.

급한 일이 있어 지금 말씀드리오니 살펴봐 주시기 바랍니다.

축원드립니다.

기체후 늘 건강하시길 비옵니다. 여러 가지 부족한 조카가 사
뢰옵니다.

三月 二十八日

姪子 相定 上書

【해설】

수신인 : 이일우 씨 댁 입납

　　대구부 서성정 일정목

발신인 : 조카 상정 글월 올림

　　평양부 산정 사립 광성고보[6] 교내

발신일자 : 대정 11(1921)년 3월 28일

---

6)　1894년 4월 6일 : 평양에서 홀 선교사(Rev. William James Hall M.D)가 기독교 선교
　　와 교육을 위한 사숙으로 창립(초대교장).
　　1903년 5월 : 선교사 문요한 박사(Dr. John Z. Moore)가 평양성 서문 밖 가맛골에 2
　　층 양옥으로 격물학당(格物學堂)을 건립(초대 이사장 겸 2대 교장).
　　1910년 7월 1일 : 구한국 학부대신의 사립학교 인가를 받음.
　　1912년 9월 : 고등과를 설립하고 남산정(南山町) 전 격물학당으로 분교실(分校室)을
　　정함.
　　1914년 7월 : 평양 대찰리에 교사 신축.
　　1918년 4월 1일 : 사립 광성 고등보통학교로 인가를 받음.
　　1921년 10월 5일 : 평양 경창리에 교사 및 기숙사 준공(당시 평양부내 건물로는 가
　　장 현대적인 건물).

이상정이 상화에게 보낸 편지

相和吾弟

十年을 두고 그리오든 思親憶弟의 情이 一刻

이라도 나의 心情을 떠낫다면 나는 天良이 업실 사람일새

나의 鬢毛가 星星하여 짐을 따라 風躅의 老母를 伏慕할

時는 五腑에 얽매인 心事에 무엇이라 形容치 못하내 南

京에서 鄭裕澤 弟를 偶然이 만낫스나 꿈결갓치 路

上相逢만 이섯고 두 번 보지 못하엿내 日前 北方으로 붓허 至

今 杭州에 와서 三週日 가량 滯在하고는 또 北行을 作하갯

네 萬言千言을 그만두고 君이 旅行을 作하갯다니 旅費도 念

慮 말고 부대부대 此生에 한 번 만나기만 바라며 수션한

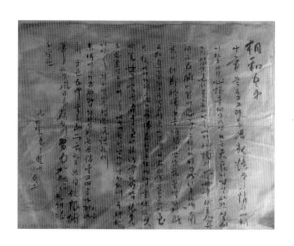

가지가지의 이약이는 對面 說話하세

來時에 나의 出版物이 되지 안커든 原稿를 그대로 가지고

오개 于邑五聞 言不知所云하고 只自飮恨擱

筆하니 風日分厲한대 努力加餐하개 路

水宣一

兄 定書于 杭 五二

【해석】

상화 내 동생

　십년을 두고 그려오던 어버이를 그리워하며 생각하며 동생을 생각하는 정이 일각이라도 나의 심정을 떠났다면 나는 타고난 하늘의 양심이 없을 사람일세. 나의 귀밑털이가 희끗희끗해 짐에 따라 바람 끝 철쭉風躅의 노모를 우러러 바라 볼 때는 가슴에 얽매인 심사에 무엇이라 형용치 못 하네. 난징에서 정유택鄭裕澤 아우를를 우연히 만났으나 꿈결같이 길 위에서 서로 만난보기만 있었고 두 번 보지 못 하엿내. 일전 북방으로 부터 지금 항주에 와서 삼 주일 가량 머물다가는 또 북행을 시작하겠네. 만언천언을 그만두고 군이 여행을 시작하겠다니 여비도 염려 말고 부디부디 이생에 한 번 만나기만 바라며 어수선한 가지가지의 이야기는 대면 설화하세. 올 때에 나의 출판물이 되지 않았거든 원고를 그대로 가지고 오게. 고을에서 다섯 가지 소문을 들리나 그 말을 알아

들을 수 없고 다만 스스로 머금은 한스러움을 글로 놓아두니 바람
부는 날 괴로움 흩어지는대 더욱 만찬을 위해 더욱 노력하게. 물
길이 온화하길 바라네.

형 정서 항주 52에서

【참고】
발신 : 항주에서 이상정
수신 : 대구부 이상화
발신일자 : 1937년 무렵

이 편지는 이상정이 동생 이상화에게 보낸 편지로 발송일자는
미상이다. 다만 이상화가 이상정의 소식이 궁금하여 1937년 중국
방문을 앞둔 시점에 이상정이 아우인 이상화에게 쓴 편지로 추정
된다. 편지 글 속에 상정의 책 출판을 의뢰했는데 이것이 여의치
않으면 중국으로 올 때 원고를 가지고 오라는 말을 보면 짐작이
가능하다. 이 편지의 내용은 상정이 고국을 떠난 지 10여년이 되
는 무렵이라는 내용을 보더라도 1935년 이후에 보낸 글임을 알
수가 있다.

상화에게 10여년의 중국 망명 생활 속에 애틋하게 동생을 그리
워하며 "차생에 한 번 만나기"를 바라는 마음이 담겨져 있다.

그런데 이 편지글 속에 항저우에서 우연히 경상북도 대구부 봉
산정 46번지 출신의 정유택鄭裕澤을 우연하게 만났다는 내용이 있
다. 1919년 3월 29일 3·1만세사건 직후 보안법위반으로 대구지
방검찰청에서 증거불충분 불기소(95-1 17, CJA00 17402) 불기소 출감

(CJA0017717)된 인물로 이상정이나 이상화가 다 알고 있는 인물이다.

　최근 대구여성가족재단(대표 정일선)이 근대 대구의 모습을 보여주는 귀중한 자료인 1921년 5월 하순 경에 찍은「신유류하하완촬영기념申酉榴夏下浣撮影紀念」사진을 발굴 공개하였는데 이 사진은 1921년 대구지역 유지들의 한시 공부 모임을 찍은 것으로 추정하고 있다. 대구의 유명 시인 김란을 비롯해 국채보상운동에 앞장섰던 서병규, 대구 근대 화가로 손꼽히는 서진달 등 9명이 한 장의 사진에 함께 있는 것이 특징이다. 서병규의 손자인 서진달(1908~1921)은 다동으로 등장, 유명 근대 화가의 13세 당시 어린 시절도 볼 수 있다. 사진을 찍은 사진사는 정유택으로 남일동 패물폐지부인회 7부인 중 한 명인 김달준과 정운화의 아들로 추정된다. 이 사진 뒷면에 등장 인물에 대한 이름이 표기되어 있다. 오른쪽부터 서계전, 서하산, 이일석, 신창강, 김원산, 정소송, 서여농, 이건춘, 서진달. 후손 서찬주 소장. 대구여성가족재단은 남일동 패물폐지부인회의 이름을 찾아가던 과정에서 정경주 후손이 소장하고 있던 이 사진을 발굴했다.

이상화가 이상정에게 보낸 편지

【원문】

兄主 前 上書

月前 下書는 無違伏領이오나 憁擾難隙이라

未能達於 門候하와 悚懼下懷는 與日俱

長이옵 伏未審邇來長霖老炎에 旅裡內外分 氣候 護寧이옵신

지 伏慕之至로

소이다 就白 舍弟는 慈候는 與日僅保이시되 伯父主

患候가 時沈刻重하와 才至於藥히 無效之境而

僅保氣息이오며 每日 時時로 覓我兄主이시니 在下之情

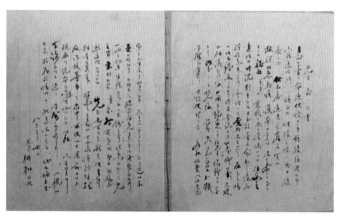

이상화가 이상정에게 보낸 편지

이 伏不勝焦이온 즉 許多長說은 未能盡修이오니 兄嫂와 相

議하신 後 一二個月 豫定으로 伯父主 臨終이나하옵

　도록 此書 下覽 後 趁則束裝하시와 加鞭

　還駕하옵시기 仰願伏望이옵 若此 旅費(伯岳兄

　便으로 貳百圓을 附送하야 兄主에게 更呈하도록하였습)가 不

足이실테니 엇잿든 兄嫂에게 爲先 百圓金만 給與하여서

一個月 餘日 生活하시게 하고 其 餘金을 北京까지라도 兄

主께서 來到하시오 舍弟 處打電하시면 即日 周旋而

邀迎次가겠나이다 先히 幾百의 金額을 伏呈할

料量이엇사오나 伯父主 生前에 大小家 債務 整理

及諸般等事를 家中所收가 大異 前日이오

現存이 絶無하야 急貸 他人하야 以此伏呈이오니

下諒하시고 速速 還駕하시옵소서 此機一

失이면 於義於情에 千秋遺恨이올 듯 餘不備上書

八月 二十六日

舍弟 相和上狀

【해석】

형님 전 상서

　몇 달 전 내려준 글은 별일 없이 받았사오나 걱정걱정 여러 가지 어려움이 있습니다. 능히 문안을 드리지 못해 송구스러운 마음은 늘 오래 간직하고 있사오며 긴 장마와 무더위에 엎드려 살피지 못하였습니다. 여행 도중 내외분 기체후 안녕하옵신지 엎드려 그리워하는 마음 끝이 없습니다. 여쭙고자 하는 말씀은 집에 있는 이 동생은 어머님의 상태는 매일매일 겨우 보전하시되 백부님은 병환이 시간이 갈수록 더욱 위중하여 약을 끊을 날이 없으나 아무른 효용이 없는 지경으로 겨우 생명 보전을 하오며 매일 시시로 형님을 그리워 찾으시는 정이 엎드려 타들어가는 마음 이길 길이 없는 즉 허다한 긴 이야기는 다할 수 없으니 형수와 상의하신 후 1~2개월 예정으로 큰형님 임종이나 하시도록 이 편지 보내오니 보신 후에 곧 행장을 차려 달려오시기를 우러러 원하옵니다. 만일 여비(상악 형님 편으로 이백원을 부송하야 형님에게 드리도록 하였습니다) 가 부족 하실 테니 어쨋튼 형수에게 우선 백원 금만 급여하여서 일 개월 여일 생활하시게 하고 그 남는 돈을 북경까지라도 형님께서 오십시오. 집에 동생에게 전화를 하시면 즉일 주선하여 열열히 환영을 가겠습니다. 먼저 기백원의 금액을 엎드려 보내올 요량이었으나 큰아버님께서 생전에 대소가 채무 정리와 제반 일을 집안 수입이 전과 같지 않게 달라서 현재 돈이 다 떨어져서 급히 돈을 타인에게 빌어 이렇게 엎드려 송부하오니 하량하시고 속속 집으로 돌아오시옵소서. 이번 기회를 한 번 잃으시면 옳은 정의에 천추에 유한이될 듯합니다. 이만 예를 갖추지 못하옵니다. 상서

8월 26일

사제 상화 상장

【해설】

발신자 : 이상화

수신자 : 이상정

발신 일자 : 1927년 무렵

상화가 상정에게 1927년 무렵 보낸 편지이다. 한문투의 시절안
부를 물은 뒤에 큰집 백부인 이일우의 병환이 우중하여 혼몽 중에
도 시시로 작은집 맏조카인 상정을 찾으니 중국에서 한 번 나와
임종이라도 볼 수 있기를 바라며 만일 차비가 필요할까 해서 종백
형 상악으로부터 돈 구하기가 어려워 급히 빌려서 이백원貳百圓을
먼저 보내며 만일 더 필요하면 요청하라는 내용과 함께 백부가 돌
아가지기 전에 가산을 분재한 것으로 보인다.

이 편지는 상화의 큰집 백모의 건강이 매우 악화하여 명재경
각의 상황에서 중국에 있는 형님인 상정에게 백모가 돌아가지기
전에 집에 와서 백모님을 뵙도록 여비를 마련하여 보낸다는 내
용이다. 아마도 이 편지를 쓴 시기가 1927년 여름 무렵으로 추
정된다.

백부님은 소남 이일우(1868.10.4.~1836.8.15.)이고 내외분으로 백
모는 수원백씨 성희聖熹의 따님인 백자화(1868.10.7.~1927.9.30.)를
가리킨다. 특히 이 편지의 수신자인 소남 이일우는 조카인 상정,
상화, 상백, 상오의 뒷바라지를 해 주었다. 결국 이상정은 1927년
9월 30일 그의 백모의 상을 당했을 때 귀국을 하지 못하였다. 얼
마나 비통했을까? 그의 마음을 담아『표박기』에「백모의 별세!」
라는 글에 먼 타국 중국에서 큰어머님의 죽음을 애통하게 애도하
는 글을 올렸다.

伯母의 別世!

내가 淮陰으로붓허 南京에 到하야 上海에서 轉交되여 온 傳報를 밧
으니 伯母 別世의 傳報이다.

靑天霹靂! 平素에 無病하시든 우리 伯母! 疾言遽色을 보이시지 안으
시든 伯母! 더욱이 不肖悖行인 나의게는 언제나 우심 뛰신 말심으로
特別이 사랑쥬시든 伯母! 悠然西駕하시다니 아모리 生覺하여도 꿈결
갓다. 엇지 하든지 이 傳報가 訛電이 안인가 하엿다. 이 傳報가 事實
이라면 世上은 惡하다. 世上은 醜陋하다. 惡한자와 醜陋한 者만 남개
두고 善과 德을 가진 니만 먼첨 떠나는 世上이니 造物主붓터 惡하다.
悠允한 가을밤을 追憶追慕로서 와보고 伏枕慟哭으로서 와 보앗다.
다시 무엇이라고 汳策이 나지 안엇다. 千里奔喪에 棄官욱職이 祖宗
의 遺訓이며 人生의 綱常이엿다. 放浪한 身勢 거침업는 나로서 우리
伯母 막가시는 行駕를 뵈옵지 못하야 犯網의 罪名을 나는 다시 벗지
못하게 되엿스니 東海之波로도 盡洗케 難하며 南山之竹으로도 盡書
케 難한 罪이다. 떠나신 伯母에는 이 不肖한 子息이 長姪이니 朞服
喪에도 重服을 몸에 밧고 그대로 잇는 이 不肖의 心事를 뉘기의게
무엇이라 말하겟스며 무슨 面目으로 祖先엔들 拜見하랴? 言足以飾非
라 나는 말이 만을사록 獲罪만 더할 것이니 다시 무엇이라 말하지
안는다. 誅之斬之도 世人에 막긴다. 鄕黨의 不齒도 親戚의 白顏도 모
다모다 甘受한다만은 나의게도 天良이 잇서 혼쟈 우는 셔름은 남달
니 사랑하서 쥬시든 伯母의 最後 慈顔을 뵈옵지 못한 눈물과 早失天
喪한 나는 此世今生에 父字를 稱號할 唯一의 伯父님! 風燭에 將臨하
샤 蝶居하신 伯父! 우리 伯父를 侍省치 못하는 셔름과 純厚仁孝하신
從兄! 地折之痛에 呼哭하시는 니들 慰侍치 못하는 우름을 万里逆旅

에서 혼쟈 울뿐이다.

우리 伯母끠셔 京城을 나가 실 때 掛鐘의 錐는 덩녕덩녕하는 것을 보시면 眩氣症 나신다 하시면서도 汽車는 "緩車를 타고 쳔쳔이 山川 求景하면셔 가쟈"하시며 急行 六七時間의 道程을 盡終日 가는 緩車를 타시고 性急한 내가 刻急症을 내면 伯母님은 우심 띄신 말심으로 "이 다음 네가 잘 成功하거든 나와 너의 어마님을 다리고 八道江山에 곳곳이 求景식히다고"하시든 伯母님 昔容과 敎語가 아직도 不肖의 耳目에 박히어 잇거늘 至今 燦然히 還天하시니 우리 伯母님의 企待를 負負한 이 不肖子息의 心事! 五腸을 뗏쳐내여 우리 伯母를 좇쳐 가셔 伯母님의 前에 보이드리거슙혼 간절이야 一生을 두고 나의 肝 엽해 잠기여 잇실 것이다. 綱常과 禮儀에 制定 업슨 悖行을 敢行하는 나로셔 何面目으로 畵字를 伯母 前에나 從兄 前에 上할 수 잇스며 따라 親戚 故舊엔들 무엇이라 尺書를 通하랴!? 家門의 淸規와 祖宗의 遺訓을 더러인 子息이다. 차라로 永遠이 바려두쟈!!!!

님이 잇다면 쳔도 만도
해가 잇다면 별도 백도
차라로! …… 차라로! ……

셔름의 깃침이 눈물이더냐?……
원한의 막다름이 한심이 더냐?……
차라로! …… 차라로! ……

북 바치는 쇠몽치를……

맷친 간엽 쓰린 것을……

차라로! …… 차라로! ……

우짓는 두견아 밤새 오는 실솔아!

시원하냐 그 속이 풀니어야 그 맷침이

차라로! …… 두어라……

그리하야 뼈와 살이 몬지로 변할 때까지!

이 가슴! 이 어안을 안고 가리라! ……

家門의 淸規와 祖宗의 遺訓을 더러인 자식이라

차라로! 寧遠히 바려두자 ……

님이 잇다면 千도万도 해가 잇다면 열도百도

차라로! …… 차라로! ……

셔름의 깃침이 눈물이더냐?

원한의 막다름이 함심이더냐? ……

차라로! …… 차라로! ……

북바치는 쇠몽치를 ……

맷친 肝엽 쓰린 것을 ……

차라로! 말업시! ……

우짓는 杜鵑아 밤새 오는 蟋蟀아!

시원하냐 그 속이 풀니 너야 그 맷침이

차라로! 두어라

그리하야 뼈와 살이 몬지로 변할 때까지!

이 가슴 이 어안을 안고 가리라! ……. 『표박기』「백모의 별세」

이 작품은 큰집 백모, 곧 소남의 아내인 백씨 부인이 하세하자 멀리 중국에서 달려오지 못한 회한을 사무친 그리움을 자유시 형태로 쓴 작품이다.

이상정이 백부 소남 이일우에게 올린 제문/소남이일우기념사업회

【원문】

祭文

維歲次丙子仲秋之月旬有五日 惟我伯父府君小南公 以宿患壽終於達城府第 享年六十有七矣 四子三姪在側 含殮送終之節 如禮以成

嗚呼痛矣 不肖猶子(相定) 時在南越 萬里異域 電報轉來 遽承實音 痛哭號天 罔知所措 卽欲星夜奔臨 參拜祭奠 小盡猶子之道 稍敍窮天之痛 無奈欃槍滿天 萑苻載道 雷池一步 不得自越 痛恨衷情 愈難抑制 數行荒辭 飮泣粗成 遠寄舍弟相和 使之代行奠獻於靈筵之前日

小子不祿 髫年失怙 靑孀偏母 襁褓諸弟 惟府君是依 撫之育之 敎之誨之 卅年如一 恩愛之至 等於己出 伏波之愛 伯道之義 無以過之 戴山覺重 臨海知深 小子無狀不作 從哺之烏 守戶之犬 以娛桑楡之晩景 竟爾浪漫成性 行踪無方 北至朔漠 南遊江淮 十

이상정이 백부 소남 이일우에게 올린 제문

餘星霜 久曠定省倚閭之勞 已極惶悚 況復素性愚頑 隨地顚沛 累
經昭關之險 到處逢箭 橫罹南寇之囚 凶耗遝播 誤傳物故 擧家震
驚 慈闈廢饌 舍弟相和 遠涉探實 伊時小子 纔脫縲絏 弟兄歡握
急問北堂近節猶庭老候 弟言慈候尙安 伯父主以疾患 彌年欠寧
云 乍聞驚惶 五內如焚 瞻仰白雲 望夜月而延佇 蜀魄叫血 恨孤
踪之難歸 遍求方藥 託送阿季 物微誠薄 罔奏其効 六月旬間 復
承手敎惻怛之辭 不能卒讀 涕泣無言 食息俱廢 只以一柱心香 黙
禱蒼天 以期百歲之遐壽矣 康陵之願未遂 風樹之痛遽作 天涯地
角 此恨何極 嗚呼痛哉

府君之懿德淸節 自有士林之公論 切非小子輩之所敢容喙 但
侍側數十年 目睹耳聆 神領心佩 不能不言者 燕居之時 纖芥之事
莫不循禮盡情 小無疾言遽色 雖子姪之輩 僕隸之卑 未嘗以夏楚
威壓之 諄諄然敎誨而感化之 自奉極其儉約 待人備盡豐厚

書樓之設 本自祖考晩年遺志 府君克繼先志 財力不逮 耿耿營
之 十餘春秋 無數寒士 賴以成學 忽受禁令 中道廢止

往者己未 時爭蒼遑 無妄之災 身陷囹圄 遭此逆境 處若平常

侃侃之辨 竟使獄吏折服 當時小子 亦繋其中 得賴府君之明辨 同
被釋放 從慈以後 盆信忠言篤行之篇矣

壬癸之年 洪水爲災 仁柒之間 餓莩遍野 富饒之家 不思傾囊
救濟之方 諸多藏穀居奇之心 獨惟府君 開廩而賑 借款以恤 復蓋
棚舖 使居災黎 敎誨小子 每戒虛名 推此數端 可知平日居家處世
之槪畧矣

古人已云 仁者壽 並且修養有方 百歲之壽 未必其遐 今奈未
至稀年 奄忽違世 竟使小子未答寸草之情 而抱此終天之恨 眞可
謂天者誠難測 理者誠難知也 抑或留此碩果 以賜子孫乎

嗚呼痛哉 嗚呼痛哉 蒼穹碧落 杳無拜見之期 四圍六合 更無
承誨之處 轉轉南北 邑邑心哀 茫茫宇內 孑孑無依 伏想音容葵藿
之心未死遙拜親墓 松楸之蔭方長 雲水渺滄 未遂素願 東望痛哭
淚盡血沾 生不能養志 病不能侍側 喪不能臨殮 葬不能送兆 不肖
之罪 磬南山之竹 而不能盡書 汲東海之波 而不能盡洗 自玆以往
飮水思源 每誦陟岵之詩 慕祖宗之遺澤 同枝相連 時讀鶺鴒之句
敦弟兄之天倫

惟望府君在天之靈 昭鑑斯情 痛極辭絀 不知所云 遙拜奠獻
伏惟尙饗

【해석】

제문祭文

유세차維歲次 병자년(1936) 음력 8월 15일에 나의 백부伯父 부군
伯父府君 소남공小南公이 숙환宿患으로 달성부達城府 집에서 별세하

시니 향년 67세였다. 아들 넷과 조카 셋이 곁에서 모시면서 염습殮襲과 장례의 절차를 예법대로 이루었습니다.

아! 애통하다. 못난 조카 상정相定은 당시 남월南越 지역에 있었는데 만리타국으로 전보를 전해와 갑자기 부고를 듣게 되었으니 통곡하고 하늘에 울부짖으며 어찌할 줄을 몰랐습니다. 즉시 급히 달려가 제전祭奠에 참배하여 조금이나마 조카로서의 도리를 다하고 하늘에 사무치는 애통함을 조금 펴고자 하였으나, 사악한 혜성이 하늘에 가득하고 도적의 무리가 길에 득실거려[7] 우레와 늪에서 한 발짝도 벗어날 수가 없음을 어찌 하겠습니까? 통탄스러운 마음을 더욱 가누기 어렵지만 몇 줄의 거칠은 글을 울음을 삼키며 대강 지어, 멀리 사제舍弟 상화相和에게 부쳐 부군의 영전靈前에 대신 바치도록 하였습니다. 그 내용은 다음과 같습니다.

소자가 복이 없어 어려서 부친을 여읜 뒤로 과부가 된 홀어머니와 어린 동생들은 오직 부군만을 의지하였는데, 보살피고 길러주며 가르치고 인도해주시기를 삼십 연간을 한결같이 해주시어 그 지극한 은애恩愛가 부군 자신의 소생과 같았습니다. 풍파를 멎게 해주신 사랑과 백부로서 이끌어주신 의리가 이보다 더할 수가 없으니 산처럼 무겁고 바다처럼 깊은 은혜를 입었습니다.

이 못난 소자는 반포反哺의 효도를 올리는 까마귀나 집을 지키는 개가 되어 부군의 노년을 즐겁게 해드리지 못하고, 마침내 쓸

---

7) 사악한 …… 득실거려 : 사악한 왜인들이 세상에 가득하다는 말이다. 참창(欃槍)은 참창성(欃槍星)으로, 병란(兵亂)의 발발을 상징하는 불길한 혜성(彗星)이다. 환부(萑苻)는 춘추 시대 정(鄭)나라의 도적들이 출몰했던 늪지대 이름으로, 도둑의 소굴이라는 뜻으로 쓰인다. 『春秋左氏傳』 昭公20年.

데없는 것이 본성을 이루어 일정한 방향 없이 돌아다니게 되어서 북쪽으로 삭한朔漢 지역에 이르고 남쪽으로 강회江淮 지방을 떠돌아다니느라 10여년의 세월 동안 부군을 곁에서 모시는 일을 오래도록 빠뜨리게 되었으니 이 어찌 몹시도 황송스러운 일이 아니겠습니까. 하물며 본래 어리석은 자질에 가는 곳마다 위급한 지경이라 소관昭關의 위험을 자주 겪고 도처에서 화살을 만나 남구南寇의 포위망에 걸리게 된 지경에야 그 황송함이 어떻겠습니까? 나쁜 소식이 퍼지고 사정을 잘못 전하여 온 집안이 발칵 뒤집어지고 모친이 식음을 전폐하게 되자 사제舍弟 상화相和가 멀리서 찾아 왔습니다. 그때 소자는 겨우 풀려나 형제가 기쁘게 손을 맞잡았는데, 모친의 근황과 부군의 안부를 급히 묻자 사제가 말하기를, "모친의 체후는 아직 편안하지만 부군께서는 병환으로 근년에 불편하십니다."고 하였습니다. 갑작스런 소식에 당황스럽고 속이 타는 듯 하였기에 흰 구름을 올려다보고 밤달을 보며 서성거렸고 멀리 촉蜀 땅 지역의 혼백이 피를 토하면서 소자의 발길을 되돌리기 어려움을 한스러워하였습니다. 그러다 약을 여기저기 수소문하여 동생에게 보냈으나 하찮은 물건의 보잘것없는 정성이 효험을 보지 못하였습니다. 6월 초순 사이에 다시 손수 쓰신 서글픈 편지를 받고는 끝까지 채 읽지 못한 채 눈물이 흘러 말을 할 수가 없었기에, 식음을 전폐하고 다만 한 대의 심향心香으로 하늘에 묵묵히 빌며 백세의 장수를 누리시기를 기원하였습니다. 그러나 강릉康陵의 소원은 이루어지지 않고 부군을 여의는 애통한 일이 문득 벌어졌으니, 하늘 가 땅 끝에서의 이 한스러움이 어찌 다하겠습니까? 아! 애통합니다.

부군의 아름다운 덕과 맑은 절개는 절로 사림士林의 공론이 있으니 소자와 같은 무리가 감히 입을 댈 것이 전혀 아닙니다. 다만 곁에서 모시는 몇 십년 동안 눈으로 보고 귀로 듣고서 머릿속 가슴속에 품은 바에 말하지 않을 수 없는 점은, 평소 거처하실 때나 미세한 일을 처리하실 때에 예禮를 따라 마음을 다하지 않는 법이 없었고 말이 빨라지거나 얼굴색이 변하는 일이 조금도 없었다는 것입니다. 그리하여 비록 자질들이나 비천한 종복이라 할지라도 회초리로 위압威壓하신 적이 없이 정성스레 가르치고 감화시켜서, 스스로에게는 지극히 검약儉約하게 하면서도 남을 대하여서는 풍후豐厚함을 다하셨습니다.

서루書樓를 지은 일은 본래 조부가 만년에 품으신 유지遺志를 따라 부군께서 선친의 유지를 능히 이으신 것인데, 재력은 미치지 못하였지만 성실히 경영하시어 십여 년의 세월 동안 무수한 한사寒士들이 그 덕에 학문을 이루었으나 문득 금령禁令을 받고 중도에 폐지하게 되었습니다.

지난 기미년(1919)에는 당시 분쟁이 어지러워 뜻밖의 재앙으로 몸이 감옥에 갇히게 되었는데, 이런 역경을 당해서도 평상시처럼 지내시어 화락한 말씀이 마침내 감옥의 관리를 감복하게 만들었습니다. 당시 소자 또한 그 와중에 연루되었는데 부군의 명철한 말씀 덕분에 함께 석방될 수 있었으니, 이 일이 있은 후로 더욱 충실한 말과 독실한 행동의 책을 더욱 신봉하게 되었습니다.

임술년(1922) · 계해년(1923)에는 홍수가 재앙이 되어 인동仁洞과 칠곡柒谷 사이에 굶어죽은 시체가 들에 널렸었는데, 넉넉한 집은 주머니를 털어 구제할 방도를 생각지 않고 곡식을 쟁여둘 마음만

품은 경우가 대부분이었습니다. 오직 부군만은 창고를 열어 배고픈 백성을 먹이고 돈을 빌려주어 구휼하였으며 가건물을 세워 이재민들이 지내도록 해주면서, 소자에게 가르치시기를 매번 헛된 명성을 경계하라고 하셨습니다. 이런 몇 가지 단서를 미루어보면 부군께서 평소 집에서 지내거나 세상을 살아간 대략을 알 수가 있습니다.

옛사람이 이미 말하기를, "어진 자는 장수한다."[8]라고 하였으며, 또한 양생養生에 방도가 있었으니, 백 년 장수는 기필할 수 없겠지만 지금 어찌 70세가 되기도 전에 갑자기 세상을 떠나시어 마침내 소자로 하여금 자식의 작은 마음도 보답하지 못해 종천終天의 한을 품도록 하십니까? 진실로 하늘의 뜻은 헤아리기 어렵고 이치는 알기 어렵다고 말할 만합니다. 아니면 혹 이런 큰 공적을 남겨 자손에게 은덕을 끼치려 한 것입니까?

아! 애통합니다. 아! 애통합니다. 푸른 하늘에는 뵙고 인사드릴 기약이 전혀 없고 사방 천지에는 가르침을 받들 곳이 다시는 없으니, 남북으로 전전하며 답답하고 애통한 심정이며, 아득한 우주에 혈혈단신 의지할 곳 없는 신세입니다. 부군의 음성과 모습을 떠올리며 그리워하는 심정으로 죽지 못하고 부군의 묘소에 멀리서 인사 올리니 무덤가의 풀이 막 자랐을 것입니다만, 운수雲水가 아득히 멀어 평소의 소원을 이루지 못하고 동쪽을 바라보며 통곡함에 피눈물이 흐릅니다. 살아계실 때는 뜻을 받드는 효를 행하지 못하였고 병을 앓으실 때는 곁에서 모시지 못하였으며 상을

---

8) 『논어』「옹야(雍也)」에 "지혜로운 자는 즐겁고, 어진 자는 장수한다[知者樂 仁者壽]."라고 하였다.

당해서는 염습殮襲을 하지 못하였고 장례에는 무덤으로 전송하지 못하였으니, 불초不肖의 죄가 남산의 대나무를 다하여도 다 쓸 수가 없고 동해의 물을 다 부어도 다 씻을 수가 없습니다. 지금부터는 물을 마시면서 근원을 생각하여 매번 척호陟岵의 시[9]를 외우며 조종祖宗이 남긴 은택을 사모하고, 한 나무의 가지가 서로 이어지듯이 수시로 척령鶺鴒의 구절[10]을 읽으며 형제의 천륜을 돈독히 하겠습니다.

삼가 바라건대 하늘에 계신 부군의 영령께서는 이 마음을 밝게 살펴주십시오. 애통함은 지극한데 말은 졸렬하니 할 말을 알지 못하겠습니다. 멀리서 절하며 올리오니 삼가 바라건대 흠향歆饗하소서.

---

9) 척호(陟岵)의 시 : 『시경』 위풍(魏風)의 편명으로, 행역(行役)나간 효자가 산에 올라 고향을 바라보며 부형을 그리워하는 심정을 노래한 내용이다.

10) 척령(鶺鴒)의 구절 : 척령(鶺鴒)은 물새의 이름으로 형제의 우애를 비유한다. 『시경』에 급난(急難)한 때 붕우가 형제만 못하다는 것을 읊으면서 이 새를 말했는데, "매양 좋은 벗이 있으나, 형제가 급난에 돕는구나. 척령이 언덕에 있으니, 길이 탄식할 만하다네[每有良朋 兄弟急難 鶺鴒在原 況也永歎]."라고 하였다. 『詩經』「小雅 常棣」.

1923년 8월 12일	『동아일보』, 「학우회 순강 전주에서 성황」, 「자아실현과 사회와의 관계」(한재겸), 「정신주의적 사상의 학술적 비판」(이여성)
1923년 8월 13일	『동아일보』, 「학우회 순강단, 목포에서 강연」, 「평화를 찾는 리상」(이여성)
1923년 8월 15일	『동아일보』, 「학우순강광주착강연」, 「평화를 찾는 이상」(이여성), 「자아의 사회화」(한재겸)
1923년 8월 18일	『동아일보』, 「학우회 순강 십사일함흥서」, 「부분적 생활과 전적 생활」(한재겸), 「평화의 욕구와 현실」(이여성)
1923년 8월 1일	『개벽』 제38호, 「꿈틀거리는 세상 일기자」
1923년 8월 22일	『동아일보』, 「학우회 순강, 원산에서 성황」, 「행복은 어듸」(이여성), 「부분적생활과 전체적생활」(한재겸)
1923년 8월 2일	『동아일보』, 「학우회 강연단 제이대 한재겸, 이정근, 이여성 불기소, 7월 30일에」
1925년 10월 15일	『사상운동』 제2권 제3호, 권두언 「야만인의 공포와 문명인의 공포」(이여성)
	『사상운동』 제2권 제3호, 「조선정치운동자들에게」(이여성)
	『사상운동』 제2권 제3호, 권두언 「시평월 야만인의 공포와 문명인의 공포」(이여성)

청전 · 청정 소품전

1925년 1월 24일	『동아일보』, 「일월회의 발회 기념 강연 경과」, 「민족문제에 대하야」(이여성)
1925년 3월 3일	『사상운동』 제1권 제1호, 「시평월 일로조약성립, 시국대동단, 괴행자반야사건, 치안유지법안, 일본의 군사교육문제」(이여성)
1925년 5월 18일	『동아일보』, 「재동경 사상단체 일월회강연, 성황 중에 폐회(동경)」, 「치안유지법에 대하야」(포시진치), 「종교의 비판」(이여성), 「사회와 개인」(송언필), 「현대의 부안」(김정규), 「신도 학생 제군에게」(안광천)
1925년 8월 1일	『사상운동』 제2권 제1호, 「조선무산운동의 신경향」(이여성)
1926년 2월 1일	『사상운동』 제3권 제2호, 시평월 「기궐무상한 지나군벌 곽송령의 몰락과 장작림의 재흥」(이여성)
1926년 5월 15일	『동아일보』, 「『대중신문』 6월 1일 창간, 동경에서 조선 사회운동자 이여성, 안광천, 김정규 씨 등이 발간」
1929년 4월 13일	『동아일보』, 「필리핀의 과거와 현재」
1929년 9월 1일	『삼천리』 제2호, 「상해보산로 이여성」
1930년 1월 11일	『삼천리』 제4호, 「인재순례(제일편)」
1930년 2월 1일	『별건곤』 제26호, 「남편의 말 중에 니치지 안는 말」
1930년 3월 1일	『별건곤』 제27호, 「1930년의 세계전망, 신흥국 투르크 정계」(이여성 논설)
1930년 8월 1일	『별건곤』 제31호, 「사이몬위원회의 보고와 인도 민중」(이여성)
1930년 9월 1일	『삼천리』 제8호, 「애란운동의 특질」(이여성 논설)
1930년 9월 11일	『철필』 제1권 제3호, 「평론문제에 대하야」(이여성)
1930년 10월 1일	『별건곤』 제33호, 「남편이 말하는 안해의 험. 안해가 말하는 남편의 험」
1931년 2월 1일	『별건곤』 제37호, 「최근 독립설을 전하는 필리핀의 민족운동」(이여성 논설)
	『삼천리』 제12호, 「조선운동은 협동호 대립호, 신간회 「해소운동」 비판 설문」
1931년 3월 1일	『삼천리』 제13호, 「동란의 상해, 일음악가가 애아시체를 안고 울든 기록」(박경희 회고·수기)
1931년 5월 11일	『동아일보』, 「애란의 민족운동, 애란은 영국의 정치적 식민지」
1931년 5월 13일	『동아일보』, 「이여성 애란의 민족운동」, 세광사 발행.
1931년 5월 17일	『동아일보』, 「약소민족 운동의 전망」, 세광사 발행.

李 如 星 著

朝鮮服飾考

白 楊 堂 發 刊

조선복식고

민속원

이여성, 『조선복식고』

1931년 7월 1일	『삼천리』 제17호, 「교차점」 소식
	『삼천리』 제17호, 「신녀성들은 남편의 밥과 옷을 지어본 적 잇는가? 업는가?」
	『삼천리』 제17호, 「신문야화」
	『삼천리』 제17호, 「인도와 러시아의 관계」(이여성 논설)
	『동광』 제25호, 「독서실 문예기타」
1931년 9월 1일	『삼천리』 제3권 제9호, 「명담사구」
1931년 9월 4일	『동광』 제25호, 「독서실 문예기타」
1931년 10월 1일	『삼천리』 제3권 제10호, 「조선로동자의 수효」(이여성 논설)
1931년 12월 19일	『동아일보』, 「김우평 수자조선연구」[상](이여성・김세용 공저)
1931년 12월 23일	『동아일보』, 「김우평 수자조선연구」[중](이여성・김세용 공저)
1931년 12월 24일	『동아일보』, 「김우평 수자조선연구」[하](이여성・김세용 공저)
1931년 12월 27일	『동광』 제29호, 「독서실 문예평론」
	『동광』 제29호, 「신문전선총동원」, 「대합동일보의 간부공선, 만일 조선문 3신문이 다 해소하고 일대 리상 신문이 출현한다면…」
1932년 1월 1일	『동아일보』, 「공산의 급선봉 로농 레닌주의 초 : 맑스 레닌」(이여성)
	『삼천리』 제4권 제1호, 「나의 해외 망명시대」
1932년 1월 17일	『동아일보』, 「수자 조선연구」 독후감을 읽고(동서저자량인)[제1회, 전6회](이여성)

1932년 2월 1일	『삼천리』 제4권 제2호, 「일본에 독재정치가 실현될가」
	『삼천리』 제4권 제2호, 「최초의 저서」
1932년 4월 1일	『동방평론』 제1호, 「조선과 외지와의 금융왕래, 일본의 조선 투자액은 얼마나 되나」(이여성)
	『삼천리』 제4권 제4호, 「삼천리 전체회의, 무풍적인 현하국면타개책 월 문화운동과 소조운동에 주력」(월대담·좌담)
1932년 5월 1일	『삼천리』 제4권 제5호, 「무산당, 정우회, 민정당 삼정당 중에 우리는 어느 정당에 관심을 가질 것인가(제씨견해)」
	『삼천리』 제4권 제5호, 「중국은 열강」
1932년 5월 28일	『동아일보』, 「이여성 김세용저 수자조선연구[상][신간서자평]」
1932년 5월 29일	『동아일보』, 「이여성 김세용저 수자조선연구[하][신간서자평]」

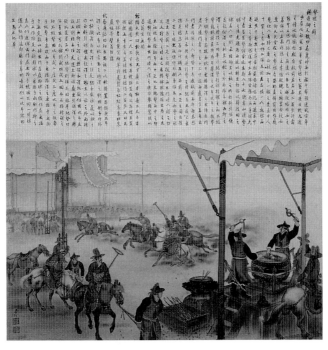

이여성, 〈격구도〉 1930년대

1932년 7월 3일	『동광』 제35호, 「독서실 문예평론」
	『동광』 제35호, 「동광팔월 청량호 예고」
1932년 8월 1일	『동광』 제36호, 「제6관, 신사들의 체육열」
	『삼천리』 제4권 제8호, 「쟁쟁한 당대 론객의 풍모」
1932년 11월 1일	『동광』 제39호, 「애인에게 보내는 책자」
1932년 12월 1일	『삼천리』 제4권 제12호, 「삼천리 뉴월 스」
1933년 1월 1일	『동아일보』, 「약소민족의 기후」[제1회, 전6회](이여성)
	『삼천리』 제5권 제1호, 「인도잡감」(이여성)
1933년 1월 2일	『동아일보』, 「약소민족의 기후」[제2회, 전6회](이여성)
1933년 1월 5일	『동아일보』, 「약소민족의 기후」[제3회, 전6회](이여성)
1933년 1월 6일	『동아일보』, 「약소민족의 기후」[제4회, 전6회](이여성)
1933년 1월 7일	『동아일보』, 「약소민족의 기후」[제5회, 전6회](이여성)
1933년 1월 8일	『동아일보』, 「약소민족의 기후」[제6회, 전6회](이여성)
1933년 1월 28일	『동아일보』, 「구년도조선총독부 예산안의 특징, 미증유의 팽대된 예산」(이여성)
1933년 6월 14일	『동아일보』, 「홍효민 수자조선연구(이여성 김세용저) 제4집을 읽고」
1933년 6월 19일	『동아일보』, 「이여성 김세용 수자조선연구 제사집 ; 경성세광사 발행
1933년 6월 22일	『동아일보』, 「수자조선연구제사집」, 경성세광사발행
1934년 1월 1일	『동아일보』, 「최근의 약소민족 수삼년 이래 지구 전적 상태, 해방운동을 중심으로 한 일고찰」[1934년 1월 10일까지 전10회](이여성)
1934년 1월 27일	『동아일보』, 「구년도조선총독부예산안의 특징, 미증유의 팽대된 예산」(이여성)
1934년 4월 1일	『별건곤』 제72호, 「만화경 소식」
1934년 7월 28일	『동아일보』, 「구주의 분화구, 중구파이간삼각세력의 교류 암운저미 간과대기」(이여성)
1934년 9월 1일	『동아일보』, 「이여성 신추만필 ; 국자가의 밤」
1934년 10월 9일	『동아일보』, 「대륙정책의 신 기초공작으로서의 재만 기구의 문제」[전2회](이여성)
1934년 10월 20일	『조선중앙일보』 미술의 가을, 서화협전 금일 개막, 서 동양화 서양화 삼부 합하여, 빛나는 작품 이백여 점/ 서화협회 전람회장의 일부 (화보) 이봉진, 최규상, 송진주, 강신문, 고의동, 이상범, 이석호, 김은호, 백윤문, 심인섭, 오일영, 이경배, 노수현, 조동욱, 김ㅇ우, 이용우, 고ㅇ곤, 민초운, 원금홍, 민택기, 장우성, 한웅동, 이여성, 이응로, 정용희, 이병규, 이승ㅇ, 길진섭, 장석표, 김중현, 이병길,

이여성, 「신추만필 ; 국자가의 밤」 『동아일보』, 1934.9.1.

이관희, 한창훈, 이병현, 신홍휴, 이용하, 송정훈, 이상복, 김종연, 손일현, 김동혁, 임수룡, 도상봉, 권영준단체 : 서화협회

1934년 11월 1일	『개벽』 신간 제1호, 「백인백화」
	『개벽』 신간 제1호, 「비도독립과 극동정세」(이여성)
	『개벽』 신간 제1호, 「편집여묵」
1935년 1월 1일	『동아일보』, 「공업조선의 해부」[1935.1.23까지 전14회](이여성)
1935년 3월 21일	『동아일보』, 「신가정 주최 춘기녀자 상식강좌」, 「여자가 알아야 할 법률」(김병로), 「집안 다스리는 방법」(송금선), 「사회란 무엇인가」(이여성), 「집을 어떠케 지을가」(박길룡), 「음악 듣는 법」(박경호), 「문학과 녀성」(서항석), 「화초 심으는 법」(김령연)
1935년 3월 23일	『동아일보』, 「미술과 가정생활(리종우), 녀자에게 필요한 위생(리영준), 신문이 되기까지(설의식) 명후일로 박두한 녀자상식강좌, 중국료리강습도 동일에 개최, 각처에서 답지하는 신청[초 : 리영준 김병로 설의식 이여성 서항석 리종우 박길룡 송금선 박경호 김령연 정순원]
	『동아일보』, 「명후일로 박두한 녀자상식강좌 중국료리강습도 동일에 개최 각처에서 답지하는 신청[사 : 리영준 김병로 설의식 이여성 서항석 리종우 박길룡 송금선 박경호 김금연 정순원]
1935년 3월 24일	『동아일보』, 「신가정주최 춘기녀자상식강좌 ; 여자가 알아야 할 법률(김병로), 집안 다스는 방법(송금선), 녀성사회의 문제(이여성), 집을 어떠케 지을까(박경호), 음악 듣는 법(박경호), 문학과 녀성(서항석), 화초 심으는 법(김령연), 미술과 가정생활(리종우), 녀자에게 필요한 위생(리영준), 신문이 되기까지(설의식)

1935년 4월 23일	『동아일보』, 「수자 조선연구 ; 한성도서주식회사 발행(이여성·김세용 공저)
1935년 4월 25일	『신한민보』, 「조선 기념도서 출판관 창립」, 권상로, 이구로, 정세권, 이인, 이윤재, 이종린, 주요한, 이은상, 김병재, 김성수, 이국도, 이윤지, 정세권, 김병제, 조만식, 안지홍, 이종린, 정인과, 유억겸, 송진우, 방웅도, 김활란, 이용설, 이만규, 이여성, 오턴석, 여운형
1935년 5월 9일	『동아일보』, 「이여성, 김세용공저인 수자조선연구 출판기념회합」
1935년 5월 28일	『동아일보』, 「백남운 이여성 김세용공저 「수자조선연구」 제오집에 대한 독후감[상]
1935년 5월 29일	『동아일보』, 「백남운 이여성 김민용공저 「수자조선연구」 제오집에 대한 독후감[하]
1935년 6월 1일	『동아일보』, 「제일회하기대학 주최 신동아사 ; 현대인으로 알아야 할 법률지식(리인), 최근세계문예사조(정인「섭), 최근세계교육사조(오천석), 조선농촌문제(로동규), 최근세계정국(이여성), 세계경제전(김광진)
1935년 6월 28일	『동아일보』, 「시대적요구에 적절한 종적 문화운동진, 민간륙전문과 련합 하기순회대강좌, 계몽운동에서 전반적신계획//세계정국의 동향, 교육 문예등의 사조 고등상식을 손쉽게 총괄적으로 배울 절호의 기회도래//강사 씨명과 과목//일처에 사과목, 일일에 이과목제, 십오도시에서 개강 ; 경제강좌(김광진 리훈구 로동규 박극채 윤행중), 정치강좌(리순탁 유진오 이여성 고영환), 법률강좌(옥선진), 문예강좌(정인보 리희승 정인섭 김상용), 력사강좌(손진태 성악서 김두헌), 교육강좌(최승만), 위생강좌(리영준 윤일선), 신문강좌(설의식)
1935년 7월 5일	『동아일보』, 「력기강연회 연사는 이여성씨(선천)
1935년 10월 12일	『동아일보』, 「련맹의 제재와 이태리의 갈 곳?[전4회]
1935년 10월 12일	『동아일보』, 「련맹의 제재와 이태리의 갈 곳?[제1회, 전4회](이여성)
1935년 10월 13일	『동아일보』, 「련맹의 제재와 이태리의 갈 곳?[제2회, 전4회](이여성)
1935년 10월 15일	『동아일보』, 「련맹의 제재와 이태리의 갈 곳?[제3회, 전4회](이여성)
1935년 10월 16일	『동아일보』, 「련맹의 제재와 이태리의 갈 곳?[제4회, 전4회](이여성)
1936년 1월 1일	『동아일보』, 「경제적암종해부 ; 일영경제전 격렬한 공방 조정은 부가기, 일영무역전(이여성)

1936년 1월 6일	『동아일보』, 「이여성(청정)씨 화」

1936년 1월 6일 　『동아일보』, 「이여성(청정)씨 화」

1936년 2월 1일 　『동아일보』, 「입학난문제 좌담회 (일) 「입학난」의 지옥문!타개의 열쇠는 무엇, 교육각계 인사의 적절한 의견//출석자 ; 최규동 김활란 서봉훈 리영준 박준호 박영조 유억겸 김상용 김용국 김태영 신공숙 김영주 조동식 진서림 리만규 리 인 김준연 최승만 이여성 서항석 장룡하

1936년 2월 6일 　『동아일보』, 「입학난문제 좌담회 (사) 중등학교 ; 수용초과는 제이문제 교육기근타파 리상론보나 실정을 참작하라 학칙변경의 운동전개//십명씩 더 수용해도 천팔백명의 다수 경기도내 십팔교에만//교육당무자보다 사회단체에서 학칙변경 운동의 길 그 공로는 수교설립보다 낫다[초 : 김용국 박영조 김영주 김상용 서봉훈 리영준 진서림 김준연 이여성 서항의 최승만]

1936년 2월 7일 　『동아일보』, 「이여성(청정), 설훈[삼한사온집]」

1936년 2월 15일 　『동아일보』, 「이여성(청정), 설경[삼한사온집]」

1936년 3월 8일 　『동아일보』, 「불소군사동맹과 구주화원의 타진(이여성) (일)

1936년 3월 10일 　『동아일보』, 「불소군사동맹과 구주화원의 타진(이여성) (이) 독일의 제이폭탄과 돌변한 구주의 신정세 라인」 점거와 불국

1936년 3월 11일 　『동아일보』, 「불소군사동맹과 구주화원의 타진(이여성) (삼) 독일의 제이폭탄과 돌변한 구주의 신정세」

이여성(청정),
「설훈[삼한사온집]」
『동아일보』, 1936.2.7.

1936년 6월 5일	『동아일보』, 「지국설치 십오주년 기념 경제강연회 주최 동아일보사 안성지국 ; 현하 국제정세와 통제 경제의 의의」(이여성)
11936년 6월 7일	『동아일보』, 「안성지국 주최 정 경강연회 십사일로 연기, 강사이여성씨」
1936년 6월 13일	『동아일보』, 「지국설치십오주년기념 경제강연회, 연제 ; 현하국제정세와 통제경제의 의의(이여성) 주최 동아일보 안성지국」
1936년 6월 14일	『동아일보』, 「지국설치 15주년기념 경제강연회, 현하 국제정세와 통제경제의 의의」(이여성) 주최 동아일보사 안성지국
1936년 6월 19일	『동아일보』, 「안성경제강연성황, 안성지국 주최 이여성씨[사]」
1936년 6월 27일	『동아일보』, 「선천시국강연 입칠일 선천회관서 ; 통제 경제와 자원 재분할」(이여성)
1936년 7월 4일	『동아일보』, 「이여성(청정) 신미도행(문, 화)[전5회]」
1937년 11월 6일	『동아일보』, 「세계명화리면의 일화 ; 「미켈란젤로」(삼) 그의 련애와 이녀성」
1938년 10월 7일	『동아일보』, 「이여성작 악조 박연선생」
1939년 1월 3일	『동아일보』, 「이여성(청정) 고무도[화]」
1939년 1월 4일	『동아일보』, 「우리 생활에서 찾아질 옛 정서 (일) 아름답고 실용적이 되는 조선 여자의 의복 호장저고리에서 보는 우리의 독특한 정서 운혜·당혜가 새삼스레 그리워 이여성씨담[초]」

이여성(청정),
「신미도행(문, 화)[전5회]」
『동아일보』, 1936.7.4.

1939년 6월 10일	『동아일보』, 「향기분방한 창작곡연출은 우리 악단의 예술적 초결실 본사주최 창작곡발표 음악제 첫밤을 보고 각계인사의 찬사와 소감//아름다운 언어음향을 우리에게 여실히 실증 구라파적인 데서 일보 전진하라 시인김광섭씨담//발아기의 악단에 공헌이 위대 음악평론가 황운씨담//희유의 장거 시인이하윤씨담//동양정서 우월성 이번 음악회에 여실히 증명 세전교수 최유박사담//동양적 향취 앞으로 세계적 수준을 목표로 사화가 이여성씨담//성악은 조선조 기악에는 양미 성악가 리승학씨 담//우리가 부를 악곡은 우리가 지음이 당연 연전교수 최규남박사담//고전미가 풍부 음악전문학원 김재훈씨 부인 김「마르가리타」녀사담//창작곡발표 음악제 초야의 화보 ; 경성방송 관현악단의 연주//독창하는 채선엽녀사 전형철씨, 류부용양//「바이올린」독주 채동선씨//리경희씨「피아노」독주[사]」
1939년 7월 6일	『동아일보』, 「향토무악인 농악 강릉 「풍물」의 인상기[상]」(이여성 문·화)
1939년 7월 8일	『동아일보』, 「향토무악인 농악 강릉 「풍물」의 인상기[하]」(이여성 문·화)
1940년 1월 3일	『동아일보』, 「이여성(청정)씨 화」
1945년 12월 13일	『동아일보』, 「인민공화국존재는 조선독립달성을 방해「하지」최고지휘관중대성명//성명전문[초]//「하지」성명의 반향 강권발동이 적절 한국민주당 백관수씨담//필연적결론 안국민당수담//금일 정식태도결정 중앙인민위원회의 대책//통일에 군정청협력하라 인민당 이여성씨담//공산당언명을 회피」

향토무악인 농악 강릉 「풍물」의 인상기[상](이여성 문·화)
『동아일보』, 1939.7.6.

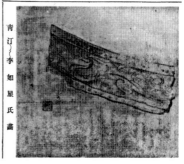

이여성(청정)
『동아일보』, 1940.1.3.

1945년 12월 29일	『동아일보』, 「전민족이 투쟁하자 김구림정주석담//전국이 결의표명 리승만박사결의//조선적화의 기도 국민당수 안재홍씨담//외교로 투쟁 인민당 이여성씨담//최후까지 투쟁하자 국준위원장 송진우씨」
1946년 9월 9일	『자유신문』 [문화] 「李如星씨 개인전」, 李如星 : 태백공사, 신문화연구소」
1946년 6월 18일	『동아일보』, 「미소공위재개요청 인민당 이여성씨담」
1946년 8월 1일	『신천지』 1946년 8월(통권 7호, 제1권 제7호), 『미학교실, 문닫친 이야기』(이여성)
1950년 1월 4일	『동아일보』, 「현명한 십이녀성 일위는 고루월 즈벨트씨 부인」
1958년 12월 11일	『동아일보』, 「파리녀성들의 의생활 데자이너 손경자씨 귀국담개성 살린 검소한 차림 거의일 화장 않은 불란서처녀 [초]」
1959년 7월 25일	『동아일보』, 「파리녀성들의 예술관 어떻게 생활화하고 있는가」(김향안)

1896년 6월 10일	이상정은 경주이씨로 시조는 신라시대 알평공(謁平公)의 제74세손이며 중시조 거명공(居明公)의 제40세손이며, 고려시대에 익재공(益齊公)의 제19세손으로 파조로는 논복공(論福公) 제11세손, 무실공(茂實公) 제7세손, 동진공(東珍公) 경주이장가(慶州李庄家)의 손자이다. 대구 서성로 2가 12번지에서 부 우남(又南)인 시우(時雨, 1877~1908)와 대구경북 여성운동의 선구자인 김해 김씨 김신자(愼子, 법명 華秀)(1876~1947) 사이에 용(龍)인 상정(相定, 1897~1947), 봉(鳳)인 상화(相和, 1901~1943), 인(麟)인 상백(相佰, 1903~1966), 학(鶴)인 상오(相晤, 1905~1969)를 두었다.
	이상정의 아호(雅號)는 청남(晴南), 산은(汕隱)이며 중국 망명 중에는 이직우(李直又), 이상협(李祥俠) 혹은 이연호(李然皓)라는 가명으로 부름.
	우현서루에서 한학 지도 일본 왕궁 니쥬바시 폭탄 투척 사건을 일으킨 김지섭(1885~1928)도 우현서루 출신이다.
1912년	세이죠(成城) 중학 졸업
1913년	일본 동경에서 미술학교, 상업학교를 다님.
1913년 5월	청주 한씨 정원(鼎源)의 여 문이(文伊, 1897.5.7~1966.6.12)와 결혼하여 맏아들 중희(重熙, 1918~1990)는 창령 성씨 태련(胎連, 1923~ 1993)과 결혼 하여 맏아들 재현(在賢) 배 경주 김씨 김인숙(金仁淑), 둘째아들 재윤(在允) 배 평해 황씨 황영숙(黃英淑), 셋째아들 재건(在建) 배 경주 김씨 순금(順今), 넷째아들 봉화(奉和) 배 밀양 박씨 박은자(朴銀子), 다섯째아들 재익

(在益) 배 경주 김씨 김현숙(金賢淑), 여섯째아들 창훈(昌勳) 배 여양 진씨 진혜경(陣惠敬), 여 재진(在珍) 부 충남 여씨 여인상(呂寅相)과 따로서는 선희(善熙) 부 경주인 배기식(裵基式)가 있다.

재취 부인인 권기옥(權基玉, 1901.1.11.~1988.4.19)은 여성 최초의 비행사, 중국국민혁명군 항공조종사, 대한독립군 대령.

1915년	동경미술학교를 졸업한 고희동과 교류.
1919년	일본 가꾸슈인(國學院)대학 졸업. 졸업장과 학력 기록은 부재.
1919년 5월	중국 5.4운동 발발
1919년 6월	상하이 삼파투쟁
1919년 3월	이 시기에 이상정은 일정의 수사에 쫓겨 다니다 피신. 이 무렵부터 만주지역 독립운동단체와 연계.
1919~1921년	대구계성학교와 대구신명여학교 교원.
1920년	대구청년회 조직
1921년	대구에서 서양화 개인 전람회 개최.
1921년 7월	중국공산당 창당.
1922년 7월	『개벽』 26호에 시조 2편 발표.
1921~1923년	서울 경신학교, 평양 광성고보, 평북 정주 오산학교 교원. 지하조직을 결성하여 항일투쟁을 전개하였다.
1923년 11월 12일~17일	대구미술전람회 출품(이여성 16점, 이상정 13점 등)
1923년 12월 24일	이상정 미술연구소 벽동사(碧瞳社) 설립.
1924년 1월	제1차 국공합작으로 북벌
1925년 1월	대구에서 사회주의 성향의 독립운동 단체인 용진단(勇進團) 결성, 위원장을 맡았다. 그 조직 부원이었던 서상욱이 경성 종로에서 붉은 깃발을 흔들며 독립 만세를 부르다 체포되었다. 일제로부터 신변의 위협을 느낀 이상정을 중국 망명을 결심하고 1925년 봄에 만주로 망명하였다.
1925년 3월	중국 순원 사망
1925년 5월	중국 망명. 유동열과 함께 만주에서 육영사업을 하며 독립운동에 가담, 활동하였다. 이때 만주 퉁허현에 있던 유동열과의 사전 연락이 있었을 것으로 보인다. 대구 출신 의혈단원이던 이여성, 최원택, 이덕생, 현정건, 이종암, 최윤동, 신철휴 등과도 이상화와 함께 밀접한 교류가 있었던 것으로 보인다.
1925년 5월	중국 5.3운동
1925년 7월	광동 장제스 국민당정부 수립
1926년 6월	국민정부 북벌 결정

1923~1926년	동만주 북만주 쑹허강 하류 퉁허현 달리안허젠에서 유동열과 함께 한인학교 교사, 독립운동에 종사.
1926~1927년	펑위샹(馮玉祥)의 국민혁명군 참모부 막료. 펑위샹과 의형제를 맺고 유동열과 최동오 등과 함께 조국 광복을 위한 미래를 모색. 1926년부터 1927년까지는 동만주에서 중국 펑위샹의 서북국민부대에서 준장급 참모로 활약하였으며, 장제스의 부대와 통합됨에 따라 국민정부 정규군 소장으로 항일전선에서 활동하였다.
1926년 2월	광저우에서 의혈단 김원봉과 황푸군관학교 장제스의 부관인 손두환, 김철남과 이영우와 서왈보, 권기옥, 차정신, 박태하, 유철선, 장성철 등 수백명이 몰려 들었다. 권기옥이 쿤밍에서 상하이, 천진, 베이징으로 2월 중순 경 도착하였다.
1926년 4월	펑위샹 서북군과 소속 만주군벌 쨩쭤린과 우페이푸 합동작전에서 패한 펑위샹이 장자커우로 퇴각, 그해 4월 20일 서북군벌 펑위샹 군벌의 항공처 부비항원인 권기옥을 서왈보가 소개하여 만남.
1926년 7월	국민혁명군은 북벌을 개시하자 물밀 듯이 창사를 거쳐 양즈강변에 있는 한구와 우창을 점령하여 그해 8월에는 난창을 12월에는 푸젠성의 푸저우를 그리고 12월 13일 국민정부 임시 수도를 광저우에서 우한으로 옮겼다. 그러나 만주동북군벌 쨩쭤린의 공격으로 펑위샹은 다시 내몽골 수의위안으로 쫓기자 이상정, 유동열, 권기옥은 바오터우에 임시 정착하였으나 그해 9월 펑위샹 군벌의 항공대를 해산.
1926년 10월	바오터우 만주인 집에 세를 들어 권기옥과 결혼 혼례(유동열 주례), 의사였던 신영삼과 더불어 조촐한 결혼식을 올렸으나 호적에 등재할 겨를이 없이 이상정 장군이 돌아가셨다.
1926년 11월	펑위샹 시안 점령, 베이징에서 장쭤린과 우페이푸의 협공으로 내몽고 바오타오를 퇴각.
1926년 11월	펑위샹이 축출되어 러시아로 떠나자 이상정은 권기옥과 바오타오를 떠나 베이징으로 옮김.
1926년 12월	무한에서 국민정부 수립.
1927년 1월	다시 베이징을 떠나 텐진을 거쳐 배를 타고 상하이로 옮김.
1927년 3월	상하이 노동자 봉기.
1927년 4월	국공합작 파기, 국민당 정부 공산당 대거 소탕. 난징에 국민정부 수립.
1927년 3월 24일	국민혁명군 동로군이 상하이에 입성. 아내 권기옥은 동로군 항공사령인 류페이쳰 장군을 만나 비항원 소교(소령)에 임명. 당시 동로군에 패한 쑨촨팡 군벌의 비행기를 접수하기 위해 항

	공사령부 장교들과 항저우로 갔다. 이상정은 류페이첸 항공사령 관의 통역을 맡았다.
1927년 4월	1차 국공합작 결렬.
1927년 4월 12일	장제스가 국공합작(국민당과 공산혁명당과의 합작 북벌 약속)을 파기하는 상하이 쿠테타로 공산주의자들을 대거로 피체. 그 과정에 권기옥은 상하이와 난징 사이를 오가는 연락비행을 하였다.
1927년 8월	난창 봉기.
1928년 1월	국민당 좌우파가 연합한 통합정부가 난징에 들어섰다. 국민당 정부의 수립과 함께 항공사가 난징으로 옮김. 이여성의 동생 이영무, 박태하, 김공집, 손두환이 난징으로 왔다.
1928년 6월	북벌 완수, 국민당 베이징 진입.
1928년 3월 18일	장제스가 공산당 일대 소탕작전이 내려지자 난징의 중국인 집 주인의 밀고로 이상정, 권기옥, 손두환, 조념석, 주취첸과 함께 공산주의자 혐의로 체포 40여일 감옥에 구치. 구치소에 출옥한 날 김원봉과 함께 난징 유람을 하였다.
1928년 10월	장제스 국민당 주석 취임.
1929년 봄	난징 시내 부자묘 부근에 정원이 딸린 집을 구입하여 양계와 농사 화훼로 소일함. 그해 상하이에서 류페이첸 원난성항공학교 교장의 공중 결혼식에 참석하였다.
1929년 6월 4일	권기옥이 중국국민군 항공대 상위(대위)로 임명. 이 시기에 난징에 가게를 열고 난징 주변의 유적과 고궁을 답사하면서 많을 글을 쓰면서 전각에 심취하였다.
1930년	도산 안창호 선생을 만나 그가 추진하는 이상촌건설을 위해 기부금을 전달하였다.
1930~34년	국민당정부 공산당 토벌과 내전.
1931년 9월	만주사변.
1931년 11월	중앙소비에트공산당 임시정부 수립.
1932년 1월	상하이 사변.
1932년	도산 안창호가 주도한 흥사단에 가입, 윤봉길 의사에게 폭약 제조 전문가를 알선해 줌. 1932년 경에는 난창(南昌) 항공협진 회 위원으로 임명되어 활약하였다.
1932년 4월~6월	상하이 전쟁 발발. 소련 톰스크에 억류 중인 마진산 군의 송환을 위해 류첸페이 장군과 미국고문관 일행의 통역 교섭 담당자로 모스크바로 파견되었다 만저우리 국경을 넘어 소련으로 들어가 시베리아 횡단 열차를 타고 북경을 거쳐 난징으로 돌아 옴. 다른 사람들은 그해 5월 폴란드와 독일 베를린, 룩셈부르크, 이탈리아를 거쳐 시베리아 횡단 열차로 귀환하였다.

1932년 12월	한구에서 김원봉과 함께 조선민족전선동맹 결성식에 가담.
1932~1933년	난창(南昌) 항공협진회위원.
1933년 7월	권기옥이 항저우 항공대로 발령이 나자 그해 12월경 항저우로 옮김. 권기옥은 중앙학교 교관도 겸직함. 이 시기에 의혈단 김원봉과 교류하면서 조선혁명군 정치군사간부학교 학생 모집책으로 연락을 담당하였음. 난징 한족연합회를 조직하는 권기옥은 한편 의혈단 조선혁명군 정치간부학교 일도 돌보았다.
1934년	중국 공산당 대장정 시작.
1935년	마오쩌둥 공산당 장악 그해 10월 대장정 막을 내림.
1935년 6월	장제스의 아내인 쑹메이링 항공위원회 부위원장이 선발하는 선전비행사로 추천되었으나 6월 29일 일제가 베이징 인근 펑하이를 기습공격함으로써 비행을 하지 못했다.
1935년 가을	권기옥이 난창 공군도서관으로 전보.
1936년	『청금산방인화』라는 인보, 전각 작품집 완성. 총 139매, 239방의 전각을 찍어서 엮은 책.
1936년 8월	이상정은 권기옥과 함께 일본 스파이 혐의로 체포되면서 군복을 벗게 됨. 1936년에 중일전쟁이 발발하자 충칭(重慶)에 있는 임시정부의 의정원 의원에 선출되었으나 중국 육군 참모학교의 교관으로 계속 활동하였다.
1937년 3월	8개월동안 금릉 감옥소에서 구금되었다가 무혐의로 출소. 이 때 이상정이 죽었다는 소문과 함께 동생인 이상화 시인이 난징을 방문하여 3개월 동안 베이징, 톈진 항저우 등지를 함께 여행. 이상화 시인이 돌아올 무렵 『표박기』 원고를 가지고 왔으나 일부는 일제에 검열에 압수.
1937년 7월 7일	중일전쟁 발발. 김원봉과 함께 조선민족혁명당에 가담.
1937년 9월	난징 상공에 일제 비행기가 집중 공습, 수십만 인명이 살상. 화급히 난징 시 외각인 화평문 밖으로 피신.
1937년 11월 12일	일본 지상군이 난징 시내를 진입하여 엄청난 인민들을 살상함.
1937년 11월 14일	조선혁명당 동지들과 함께 난징을 탈출.
1937년 12월	한구로 피신, 조선민족전선동맹 결성.
1937년 12월	중국 윈난성 쿤밍으로 옮김.
1938년 9월	충칭(重慶)으로 옮김. 충칭 육군참모학교 소장 교관 발령. 영어, 일본어, 일본인의 성격 등에 대한 교육 담당.
1939년 4월	민족전선통일을 기하기 위한 청년호성사(靑年呼聲社)를 조직하고 이건우(李健宇)와 함께 잡지 『청년호성(靑年呼聲)』을 창간을 주도하였다.

	1940년 9월에 광복군(光復軍) 창설을 적극 지원하였다.
1941년 12월	태평양 전쟁 확산.
1942년 10월	임시정부 임시의정원에 경상도 의원으로 선출 그해 12월에 통합임시정부가 출범하자 임시정부 외무부 외교위원으로 선임.
1943년 2월 23일	권기옥이 한국애국부인회를 구성.
1938~1942년	화중군(華中軍)사령부 고급막료. 난징전과 한커우전에 참전.
1940년	김구, 김규식 등과 함께 대한민국임시정부 경상도 의정의원 및 외교위원. 유동열과 함께 신한민주당 결성과 중앙위원 겸 군사부장.
	1940년 광복군총사령부 창설시 고급참모로 임명. 중경 중국유격대 훈련교수로서 항일전선에 참가.
1942~1945년	구이저우성(歸州省) 유격대 훈련학교 교수.
1941년 10월	1941년 10월에는 임시의정원 경상도의원에 다시 선출되었으며, 1942년 제34회 임시의정원 회의에서는 최동오(崔東旿) 등 27명과 함께 연서로 "우리 대한민국 임시정부는 최단 기간 내에 중 미, 영, 소 등 연합 각국 정부에 향하여 정식으로 우리 대한민국 임시정부 승인을 요구할 것"이라는 임시정부 승인에 관한 안을 제안하였다.
1942년 8월	1942년 8월에 임시정부에서는 외무부 내에 외교연구위원회를 설치하고 외교 전반에 관한 문제를 연구 제공하도록 하였다. 이에 그는 신익희(申翼熙), 장건상(張建相), 이현수(李顯洙) 등과 함께 연구위원으로 선임되어 그 임무를 수행하게 되었다.
1943년 8월 19일	임시정부 산하 군무부에 참여, 권기옥은 공군설계위원회 위원.
	1944년에는 강창제(姜昌濟), 홍진(洪震) 등과 함께 신한민주당을 창당하였으며, 1945년 2월에는 동당 중앙집행위원에 선임되어 활동하였다.
1945년 8월 15일	광복과 더불어 1945년 전후 충칭에서 중장 막료로 내정되었으나 국군 진주 중지로 하야. 그는 또한 광복을 맞이할 때까지 중국 육군 유격대훈련학교 교관에 취임하여 후진 양성에 노력하였으며, 중국군 중장으로 진급하여 광복 후에는 북지방면 일본군의 무장해제를 도왔다.
1945년 12월	교민 보호를 위해 상하이로 이사를 하여 교민 보호를 위해 뛰어다님. 충칭에서 신익희와 함께 신한민주당 창당에 참여.
1947년 8월 27일	어머님이 돌아 가셨다는 전보. 귀국.
1947년 10월 27일	뇌일혈로 급사.
1947년 10월 29일	계성학교에서 가족사회장으로 대구 달서구 본리동 소재 가족묘소에 안치되었다.

1968년	1968년 이상정에게 건국훈장이 추서됐다.
1977년	1977년에 독립장을 추서하였다.
2017년 4월	독립기념관, 4월 독립운동가로 이상정 선생 선정됨.

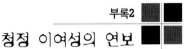
청정 이여성의 연보

1901년	이여성(李如星, 1901.12.29.~미상)의 본관은 경주이고 호는 청정(靑汀), 본명은 이명건(李命鍵)이다. 1901년 12월 29일 아버지 이경옥과 어머니 윤정열(尹貞烈)의 2남 3녀 중 장남으로 태어났다. 부친 이경옥은 경상북도 칠곡의 대지주였으며 막내 동생인 이쾌대는 화가로 유명한 인물이다. 이여성이 칠곡과 대구 중 어디에서 태어났는지 정확하지 않지만 대구와 칠곡의 자택 두 곳에서 성장했으리라는 점은 분명하다.
1909년	1909년 중앙고등보통학교를 입학하였다.
1918년	1918년에 대구로 내려와서 대구에서「혜성단」을 조직하여 항일운동을 전개하다가 체포되어 3년간 감옥생활을 하였다. 김원봉, 김약수와 함께 만주로 망명하여 무장독립기지인 둔전병 설립을 추진하기 위한 건설에 나섰고 이듬해 3·1운동이 일어나자 귀국하였다.
1919년	3·1운동이 일어나자 김약수와 함께 귀국하였다. 대구에서「혜성단(彗星團)」조직과 함께 산발적인 항일 정항 폭력 단을 조직하다가 체포되어 3년간 감옥생활을 하였다. 출옥 후 일본 도쿄의 릿쿄대학(立敎大學) 정치경제학과에서 공부하면서 당시 새로운 세계관이었던 사회주의 사상을 받아들였다. 사회주의노동운동을 내용으로 하는 『대중신보』에 논문을 발표하였다.
1922년	12월 경에 동경에 있던 백무, 김정규, 이호 등과「북성회」결성에 참여하고 기관지인 『척후대』발행에 가담하였다.

1923년	1923년에 도쿄에서 김약수, 김종범 등과 함께 사회주의 단체 「북성회」 결성에 참여하였고 연이어 조선 전국 순회 강연회에 참가하였다. 이 무렵 시인 이상화와 백무, 김정규 등과 교류하였다. 1923년 7월 12일 「동경유학생학우회」 강연단체이대 대구에서 검거됨, 연사 한정겸, 이정근, 이여성 세 사람이 강연 도중 다 검거되어 구속되었다. 무죄로 석방되어 대구, 경주, 동래, 전주, 목포, 광주, 함흥, 원산 순회강연을 행하였다. 11월 12일~17일 교남서화연구회 주관 대구미술전람회에 이상정과 함께 참가 하여 서양화 18점을 전시하였다.
1925년	1925년 1월에는 「북성회」를 해산하고 사상 단체 「일월회」 결성에 참여하고 기관지 『사상운동』과 『대중신문』 편집위원을 맡았다. 같은 해 성악가 박경희(朴慶姬)와 결혼하였다.
1926년~1929년	1926년부터 1929년까지는 상해에서 연구 활동을 계속하였다. 항저우에서 이상정과 김원봉 등 의열단 참여.
1930년	상해에서 귀국한 1929년부터 국내 언론에 본격적으로 글을 발표하기 시작하였다. 이여성은 1930년대 전반기 『조선일보』와 『동아일보』에서의 활발한 언론활동을 통해 약소민족운동연구를 진행하였다. 언론에 글과 함께 삽화 그림을 연재하였다.
1931년	새광사라는 출판사 운영. 이 무렵 정치적 동지이자 매부인 김세용과 함께 『숫자조선연구』(전5권)를 집필하였다 『약소민족운동의 전망』, 『애란의 민족운동』 등의 글을 발표.
1932년	『동아일보』에 1월에 6회에 걸친 『숙자조선연구』 독후감을 읽고 라는 글을 연재.
1934년	10월 제13회 시화협회전에 「어가 소경」 출품.
1935년	『동아일보』 동아리 모임 동우회 주최 청전 이상범과 청정 이상정 2인전 소품 100여점 전시. 1935년 『신동아(新東亞)』에 게재된 짧은 글을 통해 알 수 있다. 우선, 그는 "조선의 예술가는 마른 체구와 푸른 안색과 풀죽은 거동과 졸리는 눈초리를 가지고 담배와 술과 여인과 불규칙과 무절제에 빠져 있다"고 지적하고 이것과 힘써 싸울 굳은 결심을 갖자고 하였다. 그는 "정력주의적인 성실, 근면한 노력과 진지 고매한 태도"를 가진 예술가상을 지향했고 "현실 조선을 과학적으로 파악하는 예술가가 되자"고 제안하였다. 또한 그는 조선의 사회주의 예술가들이 지향해야 할 바가 민중을 위한 창작활동, 즉 프롤레타리아 예술이라는 것을 분명하게 제시하였다. 즉 이여성은 과학적으로 조선을 파악하고 민중을 위하여 활동하는 건강한 사회주의 예술가를 지향하고 있었던 것이다. 그의 사회주의 예술론은 민중의 입장에서서 민족의 현실을 정확히 파악하여 예술로 표현하는 일을 해야 한다는 것으로 민족·민중적 성격을 지닌 것이었다.

1936년	1936년 7월 4일부터 7월 9일까지 5일간『조선일보』에 그림과 글을 연재한「신미도행(身彌島行)」을 발표하였다. 이 작품이 그의 대표작이다. 이 연작은 그가 평안도 선천 앞바다 신미도를 다녀오는 과정에서 보고 느낀 바를 글과 그림으로 표현한 것으로, 그림은「신미도」,「기울포」,「장군굴」,「운종산」,「유열만」을 소재로 그린 산수화 5폭이 소개되어 있다. 그는 곧 "화단의 혜성, 중년에 화도(畵道)로 전향한 동양화가의 귀재"로 평가받았고, 조선화단의 중견화가로 인정받았다. 이여성은 1936년 말『동아일보사』에서 강제 사직 당한 후 동양화에 몰두하였다. 미술, 전통공예, 역도 등에 관한 논저를 발표하고 지방을 여행하면서 본 전통예술을 소개. 특히 조선의 복식사와 풍속화에 관심을 쏟았다.
1938년	1월 8일~9일 이틀간 조선일보와 대담에서 2년전부터 역사화 시리즈 작업을 시작하였다고 밝혔다.「청해진대사 장보고」,「격구지도」,「악조 박연 선생」,「유신참마도」,「대동여지도 고산자」등을 발표.
1939년	1939년『조선일보』에 5차에 걸쳐「동양화과 감상법 강좌」를 통해 파악된다. 그는 이 글에서 사생, 운필, 색채, 구도, 격 등 5가지 주제로 동양화의 감상법을 논하고 사물의 생동감 포착, 선과 색채 강조, 구도와 격의 중요성 등을 지적하였다. 그의 동양화론의 특징은 색채를 강조하고 실경화를 지향한 데 있다. 1월 3일『동아일보』에「고무도」발표. 7월 6일『동아일보』에「향토 무악인 농악, 강릉 풍물의 인상기」작품「소고」발표. 7월 8일『동아일보』에「향토 무악인 농악, 강릉 풍물의 인상기」작품「상쇠」발표.
1940년	『동아일보』에 작품 발표.
1941년	한편 이여성의 문화론은 복식사 연구에서 잘 드러나듯이 일본학자들의 조선 향토성론과 만선사관을 비판한 데서 나타난다. 즉 그는 1941년『조선복색원류고』에서 백색의 한복 복색은 조선시대 통치의 결과라는 사실을 입증함으로써 그것이 향토성의 필연적 결과라는 주장을 반박하였던 것이다.
1944년	1944년 8월 여운형, 이상백, 조동우, 이만규 등과 함께 항일비밀결사인 건국동맹 결성에 참여하였다.
1945년	1945년 8월에는 조선건국준비위원회 선전부장이 되었으며, 11월에는 여운형이 조직한 조선인민당 결성에 참가하였다. 1946년 2월 민주주의민족전선 결성에 참여하여 중앙위원 및 부의장단의 일원으로 선출되었다. 8월에는 인민당(여운형), 조선공산당(박헌영), 남조선신민당(백남운)의 3당 합당을 위한 합당교섭위원으로 선정되었다. 11월에는 여운형의 사회노동당 결성에 참여하여 중앙상임위원 겸 사무국장이 되었다.

1946년	1월 4당 화합과 5당 회합에 조선인민당 대표로 참석.
	2월 민주주의민족전선 결성에 참여 주앙위원 및 부단장으로 선출.
	3월 미소공동위원회 제3호 성명지지, 조선인민당 대책위원.
	8월 조선인민당, 조선공산당, 남조선신민당 합당을 위한 합당교섭위원회 선정.
	11월 사회노동당 결성에 참여 주앙상임위원 겸 사무국장.
1947년	1947년에는 사회노동당 후신인 근로인민당 서울시당 준비위원회 선전부장 및 중앙상임위원을 지냈다.
	『조선복식고』(백양당) 간행.
1948년	이여성은 1948년 4월 20일 평양에서 개최된 남북연석회의 참석 후 월북. 1948년 8월 황해도 해주에서 열린 남조선인민대표자대회에서 제1기 조선최고인민회의 대의원에 선출되었고, 그 해 김일성종합대학 교수가 되었다.
1955년	『조선미술사개요』(평양, 국립출판사) 간행.
1956년	5월 조선역사가 민족위원회 중앙위원.
	『조선건축미술의 연구』(평양, 국립출판사) 간행.
1957년	1957년에도 제2기 최고인민회의 대의원으로 선출되었으며 그 해 8월 조선역사가 민족위원회 중앙위원, 김일성대학 역사학강좌장이 되었다.
1960년대	1차 최고인민회의에서 서열 77위, 제22차최고인민회의에서 서열 164위, 김일성대학 역사학 강좌장. 1960년대 이후 그의 행적은 알려진 바가 없다. 다만 "전체주의 하에서 학문발전이란 있을 수 없다"라는 발언 이후 숙청된 것으로 알려져 있다. 숙청 후 순천도자기공장에 화공으로 일하다가 사망한 것으로 추정. 그는 정치가가 아닌 학자로서 생활하였다. 이여성이 북한에서 진행한 연구는 고고학, 한국미술사, 한국건축사 등이다. 그가 북한에서 이룩한 대표적인 학문적 성과는 『조선미술사개요』에 압축되어 있다. 이 책은 북한 최초로 사회주의적 시각에서 쓴 미술사라는 점에서 의의가 있다. 그러나 이 책은 이여성이 숙청된 이후 김용준에게 철저히 비판을 받았고 북한 학계에서 공식적으로 사라졌다.

강내희, 「언어와 변혁」, 『문화과학』 2권, 1992.

강덕상, 「학살의 기억과 관동대지진」, 역사비평사, 2005.

강정숙, 「한국 현대시의 상징에 관한 연구 – 이상화 시에 있어서의 상징성」, 『성심어문논집』 11집, 1986.

강창일, 『근대 일본의 조선 침략과 대아시아주의』, 역사비평사, 2002.

강희근, 「예술로 승화된 저항」, 『월간문학』 10권 3호, 1977.

_____, 「이상화 시의 낭만주의적 궤적」, 『이상화 시의 기억공간』, 수성문화원, 2015.

경주이장가, 『성남세고』, 경진출판, 2016.

권경오, 「시인의 감각 – 특히 상화와 – 고월을 중심으로」, 『경북대 국어국문학 논집』, 1956.

권기옥, 「나의 이력서」, 『한국일보』, 1978.1.25~2.28.

권대웅, 「한말 경북지방의 사립학교와 그 성격」, 『국사관논총』 58, 1994.

권성욱, 『중일전쟁』, 미지북스, 2017.

김 구 지음, 도진순 탈초 교열, 『정본 백범일지』, 돌베개, 2016.

김기진, 「현시단의 시인」, 『개벽』 58호, 1925

김남석, 「이상화, 저항 의식의 반일제 열화」, 『시정신론』, 현대문학사, 1972.

김대행, 『한국 시가의 구조 연구』, 삼영사, 1976.

김동사, 「방치된 고대 시비」, 『대한일보』(1963.4.30).

김민호, 이인숙, 송진영 외, 『중화미각』, 문학동네, 2019.

김범부, 『화랑외사』, 이문사, 1981.

김병익, 『한국 문단사』, 일지사, 1973.

김 승, 「한말, 일제하 동래지역 민족운동과 사회운동」, 『지역과 역사』 6, 부경역사연구소, 2000.

김승묵 편, 『여명문예선집』, 여명사, 1928.

김시태, 「저항과 좌절의 악순환 – 이상화론」, 『현대시와 전통』, 성문각, 1978.

김안서, 「문예 잡답」, 『개벽』 57호, 1925.

김 억, 「3월 시평」, 『조선문단』 7호, 1925.

김영민, 『한국근대문학비평사』, 소명출판, 2012.

김인환, 「주관의 명징성」, 『문학사상』 10호, 1973.

김일수, 「대한제국 말기 대구지역 계몽운동과 대한협회 대구지회」, 『민족문화논총』 제25집, 2012.

김 참, 「한국 현대시에 나타난 이상향 연구」, 인제대학교 박사학위논문, 2009.

김필동, 「이상백의 생애와 사회학 사상」, 『한국사회학』 28(2), 한국사회학회, 1994.

김학동 편, 『이상화 전집』, 새문사, 1987.

김희곤, 『이육사평전』, 푸른역사, 2010.

나창주, 『새로 쓰는 중국 혁명사 1911~1949』, 들녘, 2019.

나카미 다사오 지음, 박선영 옮김, 『만주란 무엇이었는가』, 소명출판, 2013.

대구경북역사연구회 지음, 『역사 속의 대구, 대구 사람들』, 중심, 2001.

『대한매일신보』, 『황성신문』, 『해조신문』, 『대한자강회월보』 등.

로자룩셈부르크 지음, 오영희 옮김, 『자유로운 영혼 로자룩셈부르크』, 예람, 2001.

매제민 지음, 최홍수 옮김, 『북대황』, 디자인하우스, 1992.

모리사키 가즈에(森崎和江) 지음, 나쓰이리에 옮김, 『경주는 어머니가 부르는 소리(慶州母呼聲)』, 글항아리, 2020.

문덕수, 「이상화론 – 저항과 죽음의 거점」, 『월간문학』 8집, 1969.

문안식, 『한국고대사와 말갈』, 혜안, 2003.

문학사상사, 「이상화 미정리작 29편」, 『문학사상』, 1973.

미승우, 「이상화 시어 해석에 문제 많다」, 『신동아』 344호, 1988.

민족문학연구소 편역, 『근대계몽기의 학술, 문예사상』, 소명출판, 2000.

박 환, 『만주지역 한인민족운동의 재발견』, 국학자료원, 2014.

박영희, 「백조, 화려한 시절」, 『조선일보』, 1933.9.13.

_____, 「현대 한국문학사」, 『사상계』 64호, 1958.11.

_____, 「초창기의 문단 측면사」, 『현대문학』, 1959.9.

박용찬, 「1920년대 시와 매개자적 통로 – 백기만론」, 『어문학』 94, 한국어문학회, 2006.

_____, 「출판매체를 통해 본 근대문학 공간의 형성과 대구」, 『어문론총』 55, 2011.

_____, 「근대계몽기 대구의 문학장 형성과 우현서루」, 『국어교육연구』 56, 국어교육학회, 2014.

_____, 「이상화 가의 서간들과 동경」, 『어문론총』 62호, 한국문학언어학회, 2014.

_____, 「이상화 문학의 형성 기반과 장소성의 문제」, 『이상화 시의 기억공간』, 수성문화원, 2015.

박유미, 「이상화 연구」, 성균관대학원 석사논문, 1983.

박창원, 「대구경북 진보적 민족주의 세력의 영화연극 운동연구」, 『대문』 14호, 대구문화재단,

2011.

방연승, 「리상화의 시문학과정에 대하여」, 조선작가동맹출판사」, 1957.

방인근, 「문사들의 이모양 저모양」, 『조선문단』 5호, 1925.

배우성, 『조선과 중화』, 돌베개, 2015.

백기만 편, 「상화와 고월」, 청구출판사, 1951.

백기만, 「상화의 시와 그 배경」, 『자유문학』 32호, 1959.

백남규, 「이상화 연구」, 『석사 논문』, 연세대학원, 1983.

백산 안희제 선생 순국 70주년 추모위원회 편, 『백산 안희제의 생애와 민족운동』, 선인, 2013.

사단법인 거리문화시민연대 편, 『대구신택리지』, 북랜드, 2007.

상백 이상백전출판위원회 편, 『상백이상백평전』, 을유출판사, 1996.

설창수, 「상화 이상화 씨 – 방순한 색량감을 형성한 소년 시인」, 『대한일보』, 1965.5.20.

소남 이일우 기념사업회, 『소남 이일우와 우현서루』, 경진출판, 2017.

손민달, 「이상화 시의 환상성 연구」, 『국어국문학』 150호, 국어국문학회, 2008.

손병희, 「이육사의 생애」, 『안동어문학』 2-3집, 안동어문학회, 1998.

송명희, 「이상화의 낭만적 사상에 관한 고찰」, 『비교문학 및 비교문화』 2집, 1978.

심후섭, 「향기 따라 걷는 길」, 『상화』 창간호, 이상화기념사업회, 2020.

아사오(河井朝雄), 『대구이야기(大邱物語)』, 조선민보사, 1931.

안병삼, 「중국길림성조선학교와 그 연구」, 민속원, 2016.

알렉산드 라비노비치 지음, 류한수 옮김, 『러시아혁명』, 국립중앙도서관, 2017.

야마지 히로아키 지음, 이상규 역주, 『사라진 여진문자』, 경진출판사, 2015.

양애경, 「이상화 시의 구조연구」, 충남대학교 박사학위논문, 1990.2.

엄호석, 『시대와 시인 : 시인 이상화에 대하여』, 조선작가동맹출판사, 1960.

염인호, 『김원봉 연구』, 창작과비평사, 1993.

영남일보, 「『역사속의 영남사람들. 52』 이상화」, 『영남일보』, 2005.1.4.

_____, 「고서 X파일 계명대 고문헌실, 경북대 고서실」, 『영남일보』, 2005.10.20.

오규상, 『ドキュメント재일본조선인련맹 : 1945~1949』, 암파서점, 2009.

오양호, 「이상화의 문학사 자리」, 『이상화 시의 기억공간』, 수성문화원, 2015.

오영희 옮김, 로자국셈부르크, 『자유로운 영혼 로자 룩셈부르크』, 예담, 2001.

월간문학사상사 편, 「상화의 미정리작 곡자사 외 5편」, 『문학사상』 10호, 1973.

유수진, 「대한제국기 『태서신사』 편찬과정과 영향 연구」, 고려대학교 석사논문, 2011.12.

유신지, 「이상화 문학의 사상적 기반 연구」, 경북대학교대학원 석사학위논문, 2019.

윤범모, 『한국근대미술』, 한길아트, 2000.

윤석남 그림, 김이경 글, 『싸우는 여자들, 역사가 된다』, 한겨레출판, 2021.

윤장근 외, 「빼앗긴 들에도 봄은 오는가」, 『이상화 전집』, 대구문협, 그루, 1998.

윤재웅, 「대구지역 근대 건축의 건립 주체별 유형분석에 관한 연구」, 『건축역사연구』 통권 1
　　　호, 한국건축역사학회, 1992.

윤지관, 『영어, 내 마음의 식민주의』, 당대, 2007.

윤해옥, 『길에서 읽는 중국 현대사』, 책과 함께, 2016.

이동언, 「김광제의 생애와 국권회복운동」, 『한국독립운동사연구』 제12집, 1998.

이만열, 『박은식』, 한길사, 1980.

이매뉴얼 C.Y.쉬 지음, 조윤수, 서정희 옮김, 『근~현대 중국사』 (상)(하), 까치글방, 2013.

이상규, 「멋대로 고쳐진 이상화 시」, 『문학사상』 9월호, 1998.

＿＿＿, 『방언의 미학』, 살림, 2007.

＿＿＿, 『둥지 밖의 언어』, 생각의 나무, 2008.

＿＿＿, 『민족의 말은 정신, 글은 생명, 조선어학회 33인 열전』, 역락, 2014.

＿＿＿, 『조선어학회 33인』, 역락, 2014.

＿＿＿, 「갈등의 수사학과 방언」, 『이상화 시의 기억공간』, 수성문화원, 2015.

＿＿＿, 『이상화 문학전집』, 경진출판사, 2015.

＿＿＿, 『이상화 시의 기억공간』, 대구광역시 수성문화원, 2015.

＿＿＿, 『2017 작고문인작품 정본화 추진 사업』, 대구문학관, 2017.

＿＿＿, 「대구 최초의 현대 시조작가 청남 이상정(1), －장시조 5편과 단시조 9편 신발굴」,
　　　『대구문학』 141호, 대구문인협회, 2019.

＿＿＿, 「대구 최초의 현대 시조작가 청남 이상정(2), －장시조 5편과 단시조 9편 신발굴」,
　　　『대구문학』 142호, 대구문인협회, 2019.

＿＿＿, 「봄날 성모당에서 이상화를 불러 보고 싶지만」, 『상화』 창간호, 이상화기념사업회,
　　　2020.

이상백평전출판위원회 편, 『상백이상백평전』, 을유출판사, 1996.

이승훈, 「이상화 대표시 20편, 이렇게 읽는다」, 『문학사상』 164호, 1986.

이여성, 「예술가에게 보내는 말씀」, 『신동아』 5-9, 1935.9.

＿＿＿, 「동양화과」, 『조선일보』, 1939.4.15.~4.21.

＿＿＿, 『조선미술사개요』, 서울 : 한국문화사, 1999.

이영숙, 『황아! 황아! 내 거처로 오려므나』, 뿌리와 이파리, 2020.

이영옥, 『중국근대사』, 책과함께, 2019.

이옥순, 『식민지 조선의 희망과 절망 인도』, 푸른역사, 2006.

이용희, 『한국 현대시의 무속적 연구』, 집문당, 1990.

이운진, 『시인을 만나다』, 북트리거, 2018.

이원규, 『민족혁명가 김원봉』, 한길사, 2019.

이인숙, 「석재 서병오(1862~1936)의 중국행에 대한 고찰」, 2020.

이재선, 「시적 부름의 사회시학, 상화 시의 사회 역사적 맥락」, 『이상화 시의 기억공간』, 수성
　　문화원, 2015.

이중희, 『대구미술이 한국 미술이다』, 동아문화사, 2018.

이태동, 「생명 원체로서의 창조」, 『문학사상』, 1977.

이-푸 투안 지음, 구동회, 심승희 옮김, 『공간과 장소』, 대윤, 2007.

임　화, 「백조의 문학사적 의의」, 『춘추』, 1942.

임종국 저, 이건제 교주, 『친일문학론』, 민족문제연구소, 2019.

임형택, 『한국문학사의 시각』, 창작과비평사, 1984.

장랜훙・쑨자이웨이 지음, 신진호・탕군 옮김, 『난징대학살』, 민속원, 2019.

전목 강의, 섭룡 기록정리, 유병례・윤현숙 옮김, 『전목의 중국문학사』, 뿌리와 이파리, 2018.

정남영 옮김, 아또니오 네그리, 『혁명의 시간』, 도서출판 갈무리, 2004.

정백수, 『한국 근대의 식민지 체험과 이중언어 문학』, 아세아문화사. 2002.

정병국 외, 「새 자료로 본 두 시인의 생애」, 『문학사상』 10호, 1973.

정신재, 「작가 심리와 작품의 상관성 : 이상화 시의 경우」, 『국어국문학』, 1994.

정재서, 『동양적인 것의 슬픔』, 민음사, 2010.

정혜주, 『날개옷을 찾아서』, 하늘자연, 2015.

정희선, 『재일코리안사전』, 선인, 2012.

조동민, 「어둠의 미학」, 『현대문학』 296호, 1979.

조동일, 『우리 문학과의 만남』, 홍성사, 1978.

조두섭, 「역천의 낭만적 미학」, 『대구, 경북 근대문인 연구』, 태학사, 1999.

조창환, 『한국 현대시의 운율론적 연구』, 일지사, 1986.

조항래, 「이상화 시의 시대적」, 『효대학보』, 1981.

＿＿＿, 「이상화의 생애와 항일의식」, 소헌남도영박사화갑기념 『사학논총』, 1984.

＿＿＿, 『1900년대의 애국계몽운동 연구』, 아세아문화사, 1993.

존카터 코넬 지음, 김유경 편역, 『부여 기마족과 왜』, 글을 읽다, 2012.

차한수, 『이상화시 연구』, 시와시학사, 1993.

채한종, 『드넓은 평원 흑룡강성』, 북랩, 2017.

＿＿＿, 『후뤈베이얼 양떼몰이』, 북랩, 2018.

채휘균, 「교남교육회의 활동 연구」, 『교육철학』 제28집, 한국교육철학회, 2005.

최　열, 『한국 근대 미술의 역사』, 열화당, 1998.

최기영, 『중국관내 한국독립운동가의 삶과 투쟁』, 일조각, 2015.

최남선, 정재승, 이주현 역, 『불함문화론』, 우리역사연구재단, 2008.

최동호, 「이상화 시의 연구사」, 『현대시의 정신사』, 열음사, 1985.

최명환, 「항일 저항시의 정신사적 맥락」, 『국어교육』, 1986.

최상대, 『대구의 건축, 문화가 되다』, 학이사, 2016.

최재성, 「일제 식민지기 이여성의 민족운동」, 『사림』 39, 수선사학회, 2011.

취샤오판 지음, 박우 옮김, 『중국동북지역 도시사연구』, 진안진, 2016.

토니글리프 지음, 이수현 옮김, 『레닌평전』(1)(2)(3), 책갈피, 2010.

판카지 미슈라 지음, 강주헌 옮김, 『분노의 시대, 현재의 역사』, 열린책들, 2018.

패멀라 카일 크로슬리 지음, 양휘웅 옮김, 『만주족의 역사』, 돌베개, 2013.

페이샤오퉁 지음, 팡리리 엮음, 『세계화와 중국문화』, 다락원, 2019.

피에르 부르디외, 정일준 역, 『상징폭력과 문화재생산』, 새물결, 1997.

한상도, 『대륙에 남긴 꿈 : 김원봉의 항일역정과 삶』, 역사공간, 2006.

한홍구 엮음, 『항전별곡』, 거름, 1986.

허핑 지음, 김용성 옮김, 『중국 고대 성시의 발생과 전개』, 진인지, 2014.

허만하, 「앞산을 바라보고 서 있는 거인」, 『상화, 대구를 넘어 세계로』, 이상화기념사업회, 2015.

현택수 편, 『문화와 권력 : 부르디외 사회학의 이해』, 나남출판, 1998.

『북한인물록』, 국회도서관, 1979.

달구벌이 낳은 예술가이자 독립운동가
이상정과 이여성

초판1쇄 발행 2021년 6월 20일

지은이 이상규
펴낸이 홍종화

편집·디자인 오경희·조정화·오성현·신나래
박선주·이효진·최지혜·정성희
관리 박정대·임재필

펴낸곳 민속원
창업 홍기원
출판등록 제1990-000045호
주소 서울 마포구 토정로 25길 41(대흥동 337-25)
전화 02) 804-3320, 805-3320, 806-3320(代)
팩스 02) 802-3346
이메일 minsok1@chollian.net, minsokwon@naver.com
홈페이지 www.minsokwon.com

ISBN 978-89-285-1613-1 94080
S E T 978-89-5638-390-3